麒麟
Qii

带一本书

Bring a Book to
2010 Shanghai
Expo

看世博

王麒诚·著

新星出版社 NEW STAR PRESS

图书在版编目（CIP）数据

带一本书看世博 / 王麒诚著. –– 北京：新星出版社, 2010.5
ISBN 978-7-80225-956-0

Ⅰ.①带... Ⅱ.①王... Ⅲ.①博览会－概况－世界 Ⅳ.①G245

中国版本图书馆CIP数据核字(2010)第087814号

带一本书
Bring a Book to
2010 Shanghai
Expo
看世博

责任编辑：李梓若
责任印制：韦　舰
装帧设计：莫高艺术设计有限公司

出版发行：新星出版社
出 版 人：谢　刚
社　　　址：北京市西城区车公庄大街丙3号楼　100044
网　　　址：www.newstarpress.com
电　　　话：010-88310888
传　　　真：010-88310899
法律顾问：北京市大成律师事务所

读者服务：010-88310800　service@newstarpress.com
邮购地址：北京市西城区车公庄大街丙3号楼　100044

印　　　刷：北京尚唐印刷包装有限公司
开　　　本：720×970 1/16
印　　　张：14.75
字　　　数：180千字
版　　　次：2010年5月第一版　2010年5月第一次印刷
书　　　号：ISBN 978-7-80225-956-0
定　　　价：48.00元

希望《带一本书看世博》能为来自世界各地的人们带去一份中国人特有的轻松与幽默，让所有来上海看世博的朋友们，与快乐的"世博漫画志愿者"麒麒一起了解世博，了解上海；了解中国，了解世界！

祝福你们！

致敬世博！！

王麒诚

1973年1月出生，曾在特种部队任军官，著名漫画家、中军传播机构董事长、中国漫画家联合会会长、中国漫画研究院院长，曾任世界漫画大会执行秘书长，2009年担任首届中国漫画年会暨漫画艺术产业高峰论坛主席，2010年担任首届中国漫画艺术博览会主席。

出版作品：中国第一部全景漫画旅游绘本《漫画旅行中国》（中、英、法）；漫画绘本《带一本书看奥运》被国务院新闻办确定为奥运国宾礼品书；还出版《漫画中国》、《和我一起看中国》、《麒麒说中国传统文化》系列、《漫游北京》、《麒麒求职记》、《麒麒北漂记》、《万种风情》、《幸福请柬》、《浪漫这点儿事》、《公民防灾漫画读本》等多部漫画绘本。作品被翻译成英、法、德、西、阿、日、韩等十多种文字出版行销世界各地。

作品入选国际漫画展、中国漫画大展，所写文章获中国漫画理论奖。

目录

画之前的话……

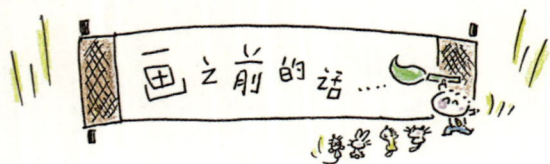

在100年前的中国，有个中国人曾预言说，在100年以后，在海黄浦江两岸，将要召开一次"万国博览会"。期如梭，时间飞快……人转眼时光来到了2010年！他的预言——实现啦！

世博会将在上海举办的消息，曾令举国欢腾，尤其是上海的朋友们，因为大家都知道，世博会是全球三大活动之一（另外两项是奥运会和世界杯），是展现人类科技、艺术、经济、文化的盛会，更是主办国展示自己风彩和热情的一次大好机会！

真是机会千载难逢的好机会！！

人因渡渡生生

向全球

一运气太好了！

真是身逢盛世，趕上了盛会啊！作为一个漫画人物——麒麟，在2008奥运的时候，曾作为奥运漫画志愿者，在漫画绘本《带一本书看奥运》中为大家服务。来了您呐！在2010世博来的时候，响应祖国的呼唤

麒麟，这块地就托付给你…人民的重托！！

麒麟决定用漫画和大家一起走进2010上海世博精彩纷呈的天地，成为一名光荣的"世博漫画志愿者"

我来啦！！

竭诚为大家做好服务…

祝所有看到这本带一本书看世博的朋友

心情愉快！吃麻吃麻儿香♥

祝2010上海世博会圆满成功！！！

大海呀！

火车呀！

麒麟 于2010年5月1日

大家女子！

我是 麒麒……

2010上海世界博览会

世博会是一次世界经济、科技、文化的"奥林匹克"盛会…
是一次展现当代人类文明成果的国际舞台…

上海世博会开始啦!!!

那气氛,那场面
那是"相当的"一热烈!
"相当的"一壮观!!!

而且,
这次的世博会
是在咱家门口——上海举办!!!

要是不去看看...
　　那就太可惜啦...

现在... 和我一起...... 带上这本书......

世博会简介

世界博览会，简称世博会，（World Exhibition or Exposition，简称：World Expo）是一项有较大影响和悠久历史的国际性博览活动。是由一个国家主办，多个国家或国际组织参加，以展现人类在社会、经济、文化和科技领域所取得成就的国际性大型展示会。

世博会是由主办国的政府组织或政府委托有关部门举办的、有较大影响和悠久历史的国际性博览活动。其特点是举办时间长、展出规模大、参展国家多、影响深远。它鼓励人类发挥创造性和主动参与性，它更鼓励人类把科学性和人性化结合起来，将种种有助于人类发展的新概念、新观点、新技术展现在世人面前。

世博会已经历一百多年了，最初以美术品和传统工艺品的展示为主，后来逐渐演变为荟萃科学技术与产业技术的展览会。世博会的会场不单展示技术和商品，而且伴以异彩纷呈的表演，富有魅力的壮观景色，被设置成日常生活中无法体验的、充满节日气氛的空间等，成为人们娱乐和消费的理想场所。

世博会
对世界的贡献

世博会促进了世界工业化和现代化的快速发展。不仅对经济增长、科技进步起到巨大促进作用，还有助于提升举办国的国民素质，使之与世界融为一体，推动多元文化的交流与融合。

世博会鼓励创新、展示最新创新成果，是在人类社会发展的一段历史时期内的新思想、新文化、新科技、新创造和新成果的集中展示。

极大提升了举办国和承办城市的国际形象。

世界博览会的
由来

在古代农耕社会，人们往往在庆贺丰收、宗教仪式、欢度喜庆的节日里展开交易活动，后来逐渐发展成为定期的、有固定场所的、以物品交换为目的的大型贸易及展示的集会。这就是世博会的最早形式。

公元5世纪，波斯举办了第一个超越了
一般集市功能的展览会。

18世纪，随着新技术和新产品的不断出现，人们逐渐想到要举办与集市相似，但只展不卖，以宣传、展出新产品和新成果为目的的展览会。

快来看呐！！最新产品，展示不卖，想啥有啥……

1791年捷克在首都布拉格首次举办了这样的展览会。

随着科技的进步，社会的发展，展览会的规模也逐步扩大，参展的地域范围从一城扩大到全国，由国内延伸到国外，直至发展成为由许多国家参与的世界性博览会。

历届
世界博览会的 一览表

18TH
CENTURY

1851	伦敦万国工业博览会
1853	纽约世界博览会
1855	巴黎世界博览会
1862	伦敦世界博览会
1867	巴黎世界博览会
1873	维也纳世界博览会
1876	费城世界博览会
1878	巴黎世界博览会
1883	阿姆斯特丹国际博览会
1889	巴黎世界博览会
1893	芝加哥世界博览会

19TH
CENTURY

1900	巴黎世界博览会
1904	圣路易斯世界博览会
1908	伦敦世界博览会
1915	巴拿马太平洋世界博览会
1925	巴黎美术博览会
1926	费城世界博览会
1930	列日产业科学世界博览会
1933-34	芝加哥世界博览会
1935	布鲁塞尔世界博览会
1937	巴黎世界博览会
1939-40	纽约世界博览会
1958	布鲁塞尔世界博览会
1962	西雅图21世纪博览会
1964-65	纽约世界博览会
1967	蒙特利尔世界博览会
1970	日本世界博览会

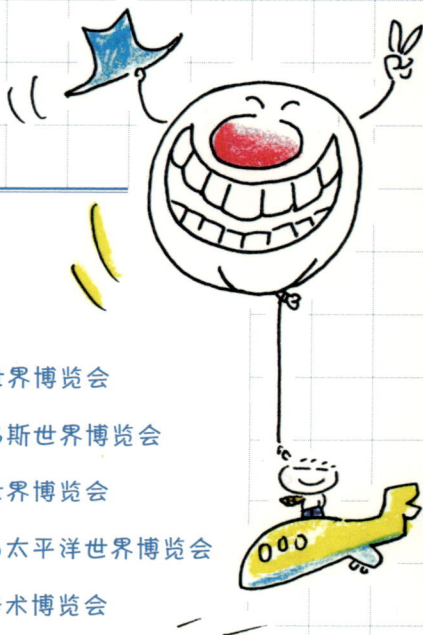

19TH
CENTURY

20TH
CENTURY

世博会历史

世界博览会的
历史

1851年的万国工业博览会成为了史上第一届世界博览会。它在英国首都伦敦的海德公园举行，展期是1851年5月01日至10月11日，主要展出内容是世界文化与工业科技，名中的"Great"在英文中有伟大的、很棒的、壮观的意思。借此博览会，英国在当时展现了工业革命后其技冠群雄、傲视全球的辉煌成果。

"唯有自然才是真正的工程师"
——帕克斯顿

从王莲叶脉径向和环向互为交错的特征中，英国园艺师约瑟夫·帕克斯顿遥解了建筑的构造。他模仿王莲叶脉结构，设计并参与了1851年英国世博会建筑场馆的竞标并一举中的。这座以钢铁和玻璃为建材，由叶片联想而成的"水晶宫"由此诞生。

高速汽轮船

电磁丝电报机

在世博会的158年历史中，诞生过无数的经典发明、新技术和新产品，现实生活中我们使用的很多物品都与世博会有着不解之缘，其中很多已经成为了我们生活中不可缺少的必需品。

首届世博会上展出的蒸汽机和纺织机都对人类社会的发展起到了巨大的推动作用。高速汽轮船、起重机、电磁电报机也在这届博览会上亮相。

起重机

蒸汽机

纺织机

变!!! 看我经典的 发明.创造!!!

好刺激啊

电梯??!!

1853年的纽约
世博会展出了电梯。

1855年的巴黎世博会：

"我们的愿望是希望这次世博会不仅仅是新奇玩艺儿的集合
地，还是全世界的工业、商业和文化艺术领域的一个传播文明
文化的渊源。"

——拿破仑三世

在展会上，阿道夫·萨克斯展示了
他新发明的乐器，叫萨克斯风。另
外，后来风靡全球的时装模特表演
形式也起源于这届世博会。

这届世博会还展出了对世界建筑业起到划时代意义的混凝土。

1862年的伦敦世博会展出了蒸汽火车、缝纫机和世界上第一台手动洗衣机。

1867年的巴黎世博会已经具备了现代世博会的雏形。雨果为博览会编写了《1867年世博会的巴黎指南》。它展示了从石器时代到1800年的人类进化史。它演示了许多工业操作的过程，如排字、印刷、纺织、钻石切割、玻璃熔化、奶酪制造、酒的蒸馏、笔的生产等，引起参观者极大兴趣。

贝尔先生，

找您的电话……

1876年费城世博会

"我们国家从此拥有了自由的象征！"
——美国格兰特总统

自由女神像，是法国人民送给美国的友好礼物。1871年，法国雕刻家
Frederic Auguste Bartholdi 访问美国时，欲塑造一尊名为"自由女神"的
雕像，象征新大陆的自由精神。1876年，自由女神擎着火炬的手完成，
随即赴美，参加美国建国100周年的庆典活动。同年，自由女神的头部，
在巴黎世博会上展出。1884年，自由女神像制作完成。1886年，自由女
神像安装完毕。这一届世博会，爱迪生发明的电报机首次展出。另外，
电话的发明人贝尔正在为世界第一部电话机做通话实验。

1873年奥地利维也纳世博会上，由著名作曲家约翰·施特劳斯亲自指挥的《蓝色多瑙河》在多瑙河畔演奏，优美的旋律流传至今。

1878年巴黎世博会上法国人在展馆中陈示着旧石器时代的艺术品。六文豪雨果亲自主持著作权研讨会，并倡议通过了《伯尔尼公约》。这一年的世博会，还展出了爱迪生发明的话筒和留声机以及他发明的用钨丝制作的白炽电灯。

埃菲尔铁塔是因法国为纪念法国大革命100周年而举办的1889年的巴黎世博会建造的。它由法国土木工程师埃菲尔设计，并以他的名字命名。

这届世博会展出了第一辆奔驰制造的汽油发动的汽车，从此揭开了汽车时代的序幕。1886年，卡尔·奔驰发明了第一辆不用马拉的三轮车，获得"汽车制造专利权"，正是这一年，被确认为汽车的诞生年。

电的发明和应用

帅不？ 柯达！！

第一台打字机

另外，这届世博会上，身穿黄色广告服装的柯达小姐与柯达胶卷一样，成为世博会最亮丽的风景线。柯达产品成为照相用品的代名词。依斯曼设计的柯达广告语"你按快门'喀达'，万事留给'柯达'"更是路人皆晓、广为流传。这一年，天文望远镜第一次走入人们的视野。展出的电的发明和应用成果成为了跨时代的新科技。同时还展出了人类第一台打字机。最负盛名的"黄箭""白箭"口香糖借助这届世博会的展台走向了大众，走向了世界。

我还没排衣裳呢！！

卡尔·奔驰先生

1893年美国芝加哥世博会，埃菲尔铁塔轰动世界后，诸多工程师提出挑战。设计师George W. Ferris说，做一个玩的大车轮。于是，费尔斯转轮诞生了。费尔斯转轮，车轮直径达250英尺，圆周825米，30英尺宽，可容纳1440人同时娱乐观光。虽然转轮的投资巨大，但在世博会期间受益颇丰，至今被传为美谈。这届世博会的园区内首次设立了集中的游乐场所——"大道乐园"。这成为了世博会历史上最成功、最出名的娱乐区，为以后建造大规模的游乐场奠定了基本模式。

非常 6+7

看这里!看这里!!
这道题我会!!

1897年比利时布鲁塞尔世博会上，首次开设了现在人们都非常熟悉的有奖答题竞赛。比利时政府拿出30万法郎对答对题目的参观者进行奖励。这可以说是如今各种知识竞赛最早的雏形。

1900年巴黎世博会上展出了配有同步录音的电影，还有能放大1000倍的望远镜、第一台无线电收发报机、X光射线仪等。

我要我要……

1904年圣路易斯世博会：1903年12月17日，这是一个
载入史册的日子，这一天美国莱特兄弟实现了人类
历史上第一次驾机进行的动力飞行。
在同年的圣路易斯世博会上飞机
进行了展出。这届世博会上，
阿诺德把冰激凌从盘
子里摇出，她随手拿起旁边摊位
的一张薄饼卷成喇叭状，然后盛一勺冰激凌， 放在喇叭口
上。于是，"世博会的牛角"诞生了。今天，蛋筒冰激凌已
成为大众美味。

欧洲广播电台开始播音……

这届世博会还展出了电子管收音机、
自动交换电话机和电动公共汽车。

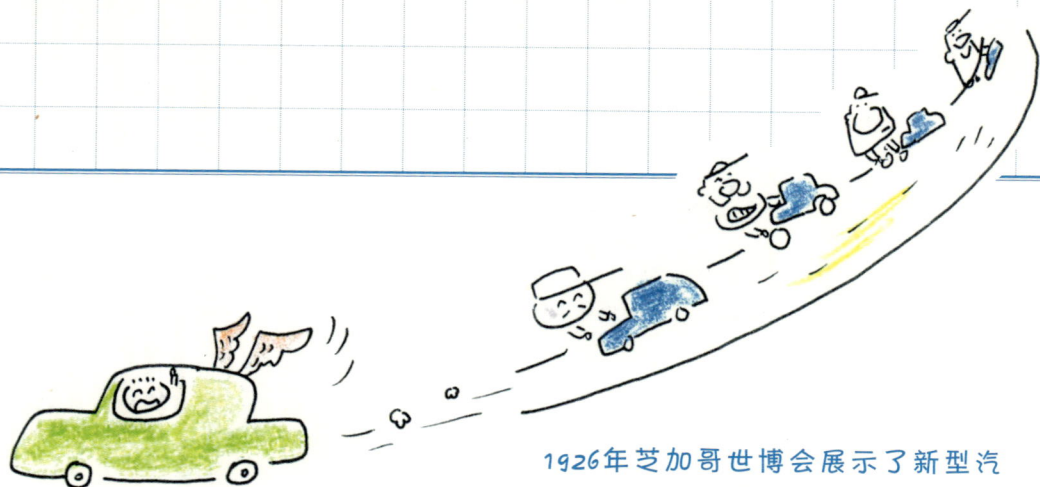

1926年芝加哥世博会展示了新型汽车组装线、轮船制造流程、空气调节装置、原油精炼等当时最先进的工业科学技术。

1934年芝加哥世博会，美国通用电气公司第一次展示了冷冻箱。

世界第一台电视…

这个一直没有…

我要看"阿凡达"…

1937巴黎世博会展出了世界上第一台电视机。

可怜的…格尔尼卡

这届世博会上展出了毕加索的油画《格尔尼卡》。此画是受西班牙政府委托，为这届世博会西班牙馆而创作的。1937年4月26日，西班牙巴斯克地区的小镇格尔尼卡遭到了法西斯德国空军的狂轰滥炸，整个小镇几乎被夷为平地，死伤的平民更是不计其数。毕加索用象征性的艺术手法对1937年这一事件进行了控诉，有力揭露了侵略战争的罪恶和法西斯的暴行。

机器人

塑料制品

录音机

1939年美国政府为纪念开国元勋华盛顿就任总统一百五十年而在纽约举办了世博会。主题是"明天的世界和建设"。尽管一战刚结束，经济萧条，仍有4500万人从64个国家和地区赶来参展和参观。会上展出的电视机、录音机、机器人、新材料尼龙袜、塑料制品等，使人耳目一新，从而燃起了人们对新生活的希望，昨天已经过去，明天的世界必然更加美好。

电视机

1958年布鲁塞尔世博会，是二战后，世界人民在满目疮痍的废墟上重建家园，并在恢复生产、复苏经济的基础上，在比利时首都布鲁塞尔举行的战后第一个世界博览会，主题"科学、文明和人性"。这届世博会上，苏联展示了他们发射的人造地球卫星的模型。

"原子被放大了一亿五千万倍，愿人类合理利用原子能""原子球"建筑，由安德·沃特凯恩设计。其建筑结构，即为放大了一亿五千万倍的九个原子构成。

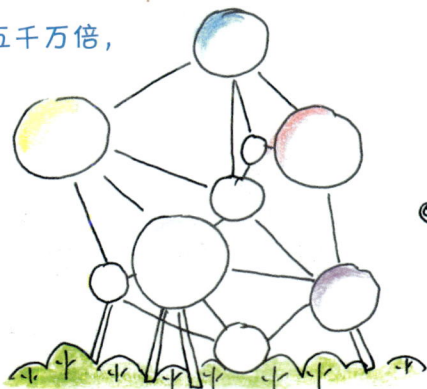

这也是人类借助原子概念，在建筑领域的视觉展示。"原子球"建筑的外体为铝质，重2.4吨，高124米，每一个球体直径为18米。"原子球"建筑，表现了人类对金属和钢铁工业的尊崇以及对原子能和平利用的信念和期望。

大空时代的人类

1962年美国西雅图举办了一次规模不大的专业性的博览会"太空时代的人类"。博览会展出全新的先进科技，自动售货机和单钢轨铁路，使其获得了巨大的成功。

1964年为了纪念纽约建城300周年，纽约又一次举办了世博会，尽管主题的格调高雅"通过理解走向和平"，但这次世博会浓重的商业气氛，使观众驻足不前，大大失去了纪念活动的意义。

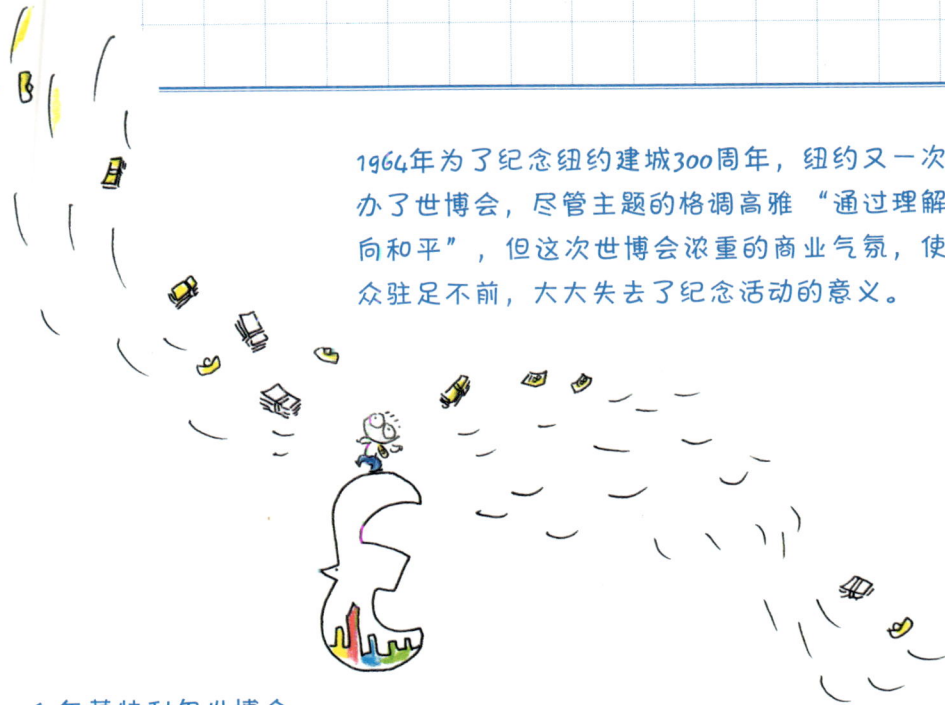

1967年蒙特利尔世博会

"以最小限追求最大限"
——巴克敏斯特·富勒

空想科学和神秘主义思想巨匠富勒认为：宇宙建筑的形，必然是圆，空间必然是球体。圆是可以无限扩大的基础型，它是最小世界最大世界的物质构造，也是组成最小或最大物质运动的轨迹形态。1967年，加拿大蒙特利尔世博会之美国馆，正是富勒思想的代表作品。如今，网络资讯时代的全球主义特征，也是富勒思想的延伸。

1970年大阪世博会：
这座中世纪日本最大的城市，
成为亚洲第一个举办世博会的
城市。主题：人类的进步与和谐。在大阪世博会上，
最受关注的作品莫过于太阳塔和美国馆中由阿波罗登
月带回的月亮石。

1985年日本再次举办世界博览会，会址是在新城筑波市，
一座距东京50多公里的全新科学文化城。博览会的主题
是："居住与环境——人类的家居科技"。时隔一年，
加拿大为纪念温哥华建城100周年，又举办了一次以"交
通运输"为主题的博览会。

1988年是英国人在澳洲建立居住点200周年，为铭记这一日子，澳大利亚在东部黄金海岸——布里斯班举办了世界博览会。这次博览会的主题"科技时代的休闲生活"。体现了人类在当今科学技术极其发达的时代中的休闲和娱乐。各国都围绕这个主题大做文章，以体育、文娱、旅游、休闲、烹调、园艺等各种内容来体现人类生活的丰富多彩。

1990年日本大阪举办了AI类专业性的国际花卉博览会，主题是："人类与自然"。展出以世界园艺为内容，是为庆祝大阪"新的开端"100周年的纪念活动。

1992年，是哥伦布发现北美大陆500周年，为此，西班牙政府在塞维利亚举办了世博会，把博览会的主题命名为"发现的时代"。世博会占地面积478万平方米，有100多个国家参加。观众达6000多万人次，中国馆展出四大发明及长征系列火箭等，被评为"五星级展馆"。

1993年韩国大田博览会，这是世界上第一次由发展中国家举办的世界博览会。主题为："新的起飞之路"。中国馆展示了航天科技、三峡工程等，共接待观众350万人次，为各展馆之最，被评为五大最佳展馆之一。

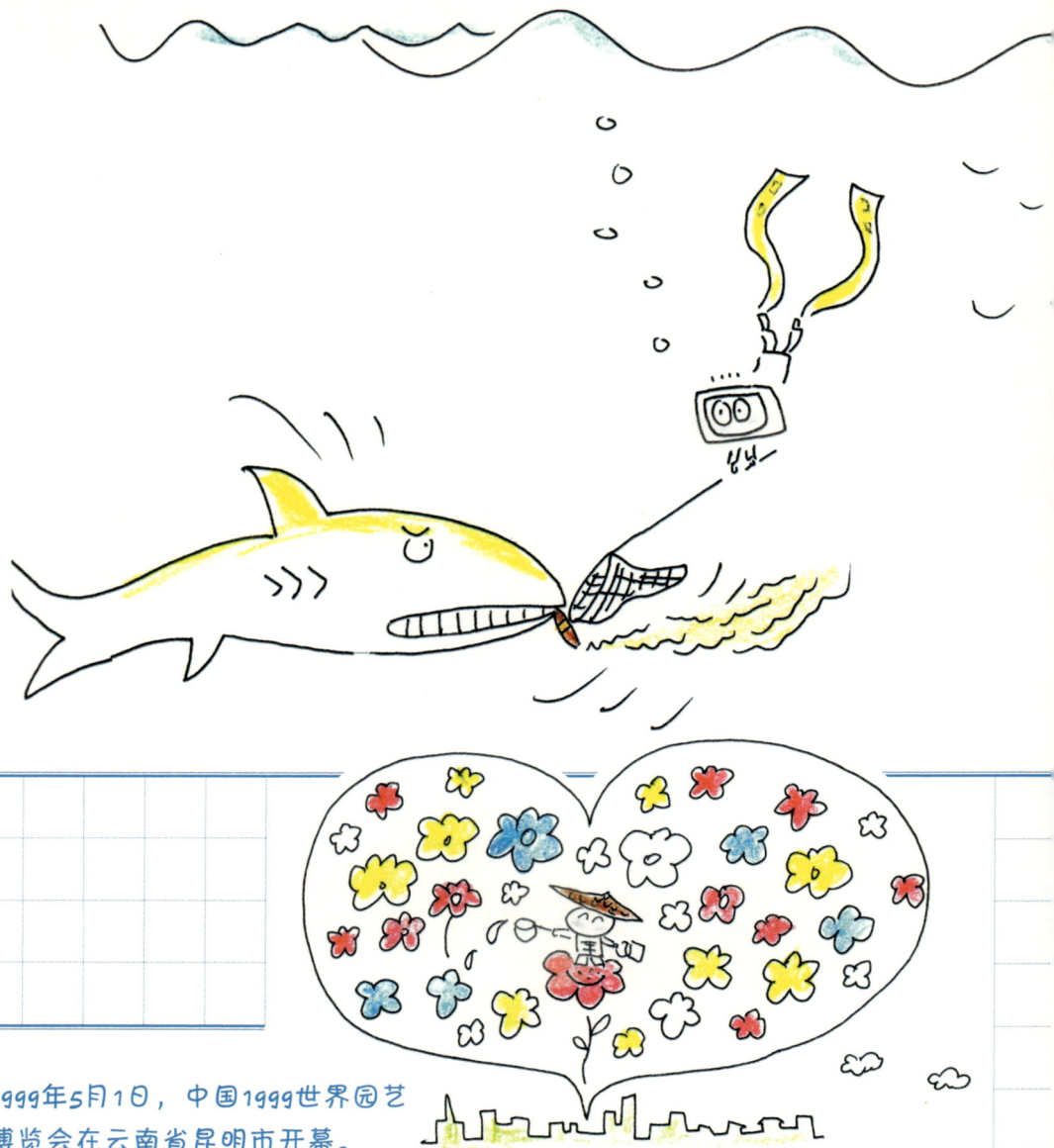

1999年5月1日，中国1999世界园艺
博览会在云南省昆明市开幕。
这是中国首次举办全球性园艺的盛会，主题是
"人与自然，迈向二十一世纪"。博览会展示
了各国的园艺传统和园艺品种，历时184天。

1998年葡萄牙里斯本世界博览会。
1998年是联合国批准的国际海洋年，博览会的主题为："海洋——未来的财富"。

2000年，德国汉诺威世博会，主题"人类、自然、科技"，参展国家和组织共计172个，为历届世博会参展国家、地区和组织最多的一届。

自然的睿智

2005年日本爱知世博会，主题"自然的睿智"。共有121个国家和4个国际组织参加本次世博会，中国也是参展国之一。"爱知世博会"的中国馆以十二生肖、九龙壁等具有浓郁中国特色的景观进行装饰，其主题是"自然、城市、和谐——生活的艺术"。接待观众570万人次，为接待观众最多的展馆。

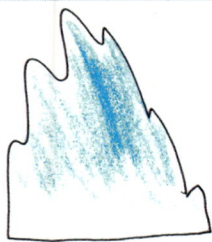

2008年西班牙萨拉戈萨世博会，水塔是这届世博会的标志性建筑，也是萨拉戈萨城市的最高建筑。水塔是世博园中三大主题展馆之一，展览"水，生命之源"主题的场所，因此该馆也称水塔馆。

举办年份	国家	举办地	主题
1933	美国	芝加哥	一个世纪的进步
1935	比利时	布鲁塞尔	竞赛和平
1937	法国	巴黎	现代世界的艺术与技术
1939	美国	旧金山	明日世界
1958	比利时	布鲁塞尔	科学、文明与人文主义
1962	美国	西雅图	太空时代的人类
1964-65	美国	纽约	通过理解走向和平

历届世博会 主题一览

举办年份	国家	举办地	主题
1967	加拿大	蒙特利尔	人类与世界
1968	美国	圣安东尼奥	美洲大陆的文化交流
1970	日本	大阪	人类的进步与和谐
1974	美国	斯波坎	无污染的环境
1975	日本	冲绳	海洋—充满希望的未来
1982	美国	诺克斯维	能源—世界的原动力
1984	美国	新奥尔良	河流的世界—水乃生命之源
1985	日本	筑波	居住与环境—人类家居科技
1986	加拿大	温哥华	交通与运输
1988	澳大利亚	布里斯班	科技时代的休闲生活
1990	日本	大阪	人类与自然
1992	西班牙	塞维利亚	发现的时代
1992	意大利	热那亚	哥伦布—船与海
1993	韩国	大田	新的起飞之路
1998	葡萄牙	里斯本	海洋—未来的财富
1999	中国	云南	人与自然—迈向21世纪
2000	德国	汉诺威	人类-自然—科技-发展
2005	日本	爱知县	超越发展：大自然智慧的再发现

世博会与中国

中国 与 世界博览会

中国第一次参加世界博览会是在1851年的伦敦世博会，中国广东商人徐荣村将自己经营的"荣记湖丝"装成12捆，托运至英国，最终质压群芳，脱颖而出，独得金、银大奖。还有一些中国商人和外商，将丝绸、茶叶、中药等中国传统商品参展并获得多项奖项。

荣记 湖 丝

My God!

第一次由中国人选派
代表团参加世界博览会
是1876年的美国费城世博会。
这次博览会中国展馆占地
"仅八千正方尺"，但通过
精心布置，以浓郁的中华民族特色吸引了参观者。当时作为
中国工商业代表的人叫李圭，他写了一本书叫《环游地球新
录》，记录了这届世博会，虽然他是中国代表团中唯一的一个
中国人，但毕竟这是中国代表团第一次正式踏足世界博览会。

中国首次以官方形式率商人正式参加的世博会是
1904年美国圣路易斯世博会。当时清政府相当重视
参展，花巨资修建了具有浓郁民族风格的中国村
和中国展馆。

1905年时值中国光绪末年，世界博览会在比利时小城列日召开，清政府派专员参加了世博会的展出活动。本次世博会中国得到超等荣誉奖及金银各等奖牌共100枚，得奖数量与英、美等国不分上下。

1906年，具有保健功能的"颐生酒"在意大利世博会上获金奖。

1915年巴拿马世界博览会在美国旧金山举行。当时，中华民国政府成立不久，百废待兴，对巴拿马世博会给予了高度重视。这次世博会上，中国展品所获奖牌计1211枚。茅台酒和金奖白兰地在这次博览会上荣获金奖，苏绣作品《耶稣像》获一等大奖。

1926年费城世博会上，除了东道主
美国之外，中国与日本成为最
大的参展国。中国传统工艺品
"常州梳蓖"在这届世博会上获金奖。
中国人通过世博会的参展过程，不断看到了国家
落后的情景和发展经济贸易的必要性，并以此为契机，于1929年
在浙江杭州举办了中国人自己的博览会——西湖博览会。

从1982年起至今，受中国政府委托，中国
国际贸易促进委员会以国家名义累计12次
组织参加了世界博览会。
它们分别是：

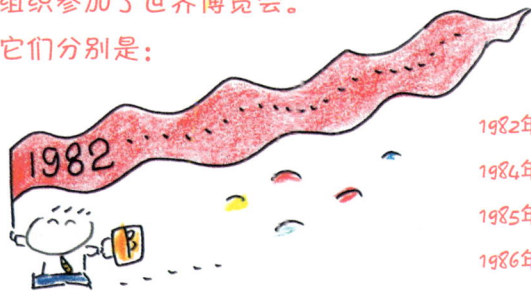

1982年	美国能源专业世博会
1984年	美国水源专业世博会
1985年	日本科技专业世博会
1986年	加拿大交通与通讯专业世博会
1988年	澳大利亚科技时代的休闲生活专业世博会
1992年	意大利船舶与海洋专业世博会
1992年	西班牙发现的时代综合性世博会
1993年	韩国新的起飞之路专业博览会
1998年	葡萄牙海洋——未来的财富、专业世博会
2000年	德国人类—自然—科技综合性世博会
2008年	西班牙水与可持续发展专业世博会

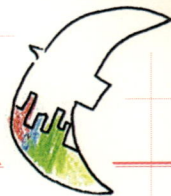

经国务院批准，并获国际展览局确认，中国国际贸易促进委员会以国家名义于1993年5月3日正式申请加入国际展览局，并于1993年12月被选为该局信息委员会会员。

2010年，
世界博览会在中国上海举办。

上海世博会简介

中国2010年
上海世界博览会

2010年上海世博会简介

2010年世界博览会（Expo 2010）在上海市举行，是首届由中国举办的世博会。主题是"城市，让生活更美好"（Better City, Better Life）。预计吸引世界各地7000万参观者前往，总投资达300亿人民币，是世界博览会史上的最大规模盛会。

带一本书
看世博

Bring a Book to
2010 Shanghai
Expo

中国 麒麟

西班牙 麒麟

苏格兰 麒麟

希腊 麒麟

英国 麒麟

美国 麒麟

俄罗斯 麒麟

阿拉伯 麒麟

麒麟 👁 世+博

I ❤ U 一世博!

不虚此行

震撼!!

不看不知道
世界真精彩

真棒

漂亮

累也愿意

憧憬

新鲜

真好玩

壮观

眼花缭乱

184天

举办时间

2010年5月1日至10月31日，总共184天

5月 1日

春眠不觉晓…

10月 31日

10月 3日 10月 24日

天凉好个秋！

浦西部分：1.35 km²

独立企业馆

最佳城市实践区

企业馆

南浦大桥

欧洲、美洲、非洲联合馆和国际组织馆

浦东地区部分 3.93 km²

主题馆
大洋洲国家馆
国际组织馆
公共活动中心
演艺中心

B

中国馆、
除东南亚外的
亚洲国家馆

A

卢浦大桥

举办地点

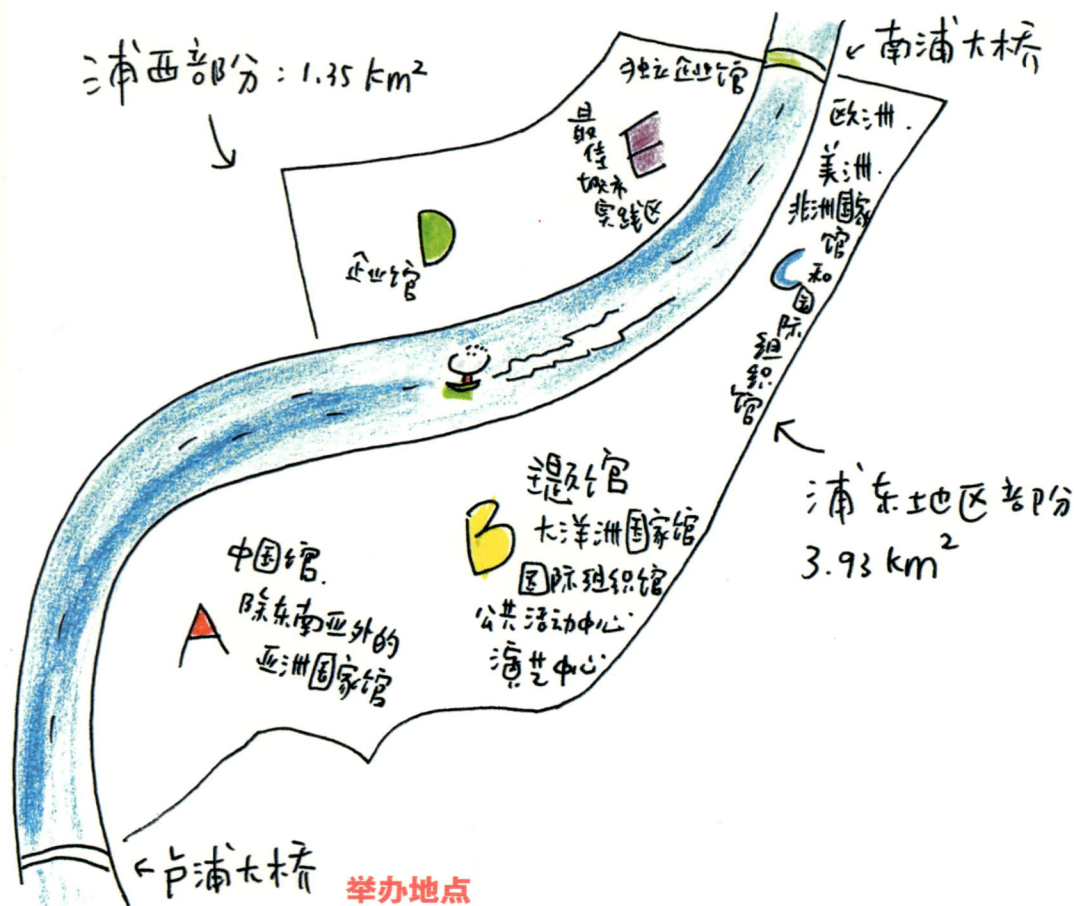

上海市中心的黄浦江两岸，南浦大桥和卢浦大桥之间的滨江地区。 世博园区规划用地范围为5.28平方公里，其中浦东部分为3.93平方公里，浦西部分为1.35平方公里。围栏区域（收取门票）范围约为3.28平方公里。

A

A片区位于浦东世博轴以东、云台路以东、白莲泾以西的A片区，集中布置中国馆和除东南亚外的亚洲国家馆。

B

B片区位于A片区西侧、浦东卢浦大桥以东，包括主题馆、大洋洲国家馆、国际组织馆和公共活动中心以及演艺中心等建筑。

C

C片区位于浦东卢浦大桥以西的后滩地区，规划欧洲、美洲、非洲国家馆和国际组织馆。在入口处布置一处约10公顷的大型公共游乐场。

展馆分布

D

D片区位于浦西世博轴以西，拟保留中国现代民族工业的发源地——江南造船厂大量历史建筑群的特色，改造设置为企业馆。在其东侧利用原址内保留的船坞和船台，规划室外公共展示和文化交流场所。

E

E片区位于浦西世博轴以东，新建独立企业馆，设立最佳城市实践区。

规划结构布局

上海世博会的规划方案综合了步行适宜距离、人体尺度和参观者的认知度等因素，提出了"园、区、片、组、团"5个层次的结构布局，即：

园 5.28平方公里的世博会园区建设用地范围，包括围栏区和围栏区外的配套设施用地，其中浦东3.93平方公里、浦西1.35平方公里；

区 3.22平方公里的世博会围栏区，其中浦东2.47平方公里和浦西0.75平方公里；

片 5个编号分别是A、B、C、D、E的功能片区，平均用地面积为60公顷；

组 12个平均用地规模为10~15公顷的展馆"组"，包括浦东8个组和浦西4个组；

团 26个平均用地规模约为2~3公顷的"展馆团"，每个"展馆团"可布置40~45个办展单元，每个"展馆团"的总建筑面积约2~2.5万平方米。每个团按方便和就近的原则，设置小型餐饮、购物、电信、厕所、母婴服务等公共服务设施。

园区 片 组 团

5.28km² 的世博会园区用地范围，包括围栏区及围栏区外的配套设施用地，其中浦东3.93km²和浦西1.35km²

3.22km² 的世博会围栏区

5个编号分别是A.B.C.D.E的功能片区，平均用地为60公顷。

12个平均用地规模为10~15公顷的"展馆组"，包括浦东8组和浦西4组

12个平均用地规模为2~3公顷的"展馆团"，每个展馆团可布置40~45个办展单元。每个展馆团总建筑面积约2~2.5万平米

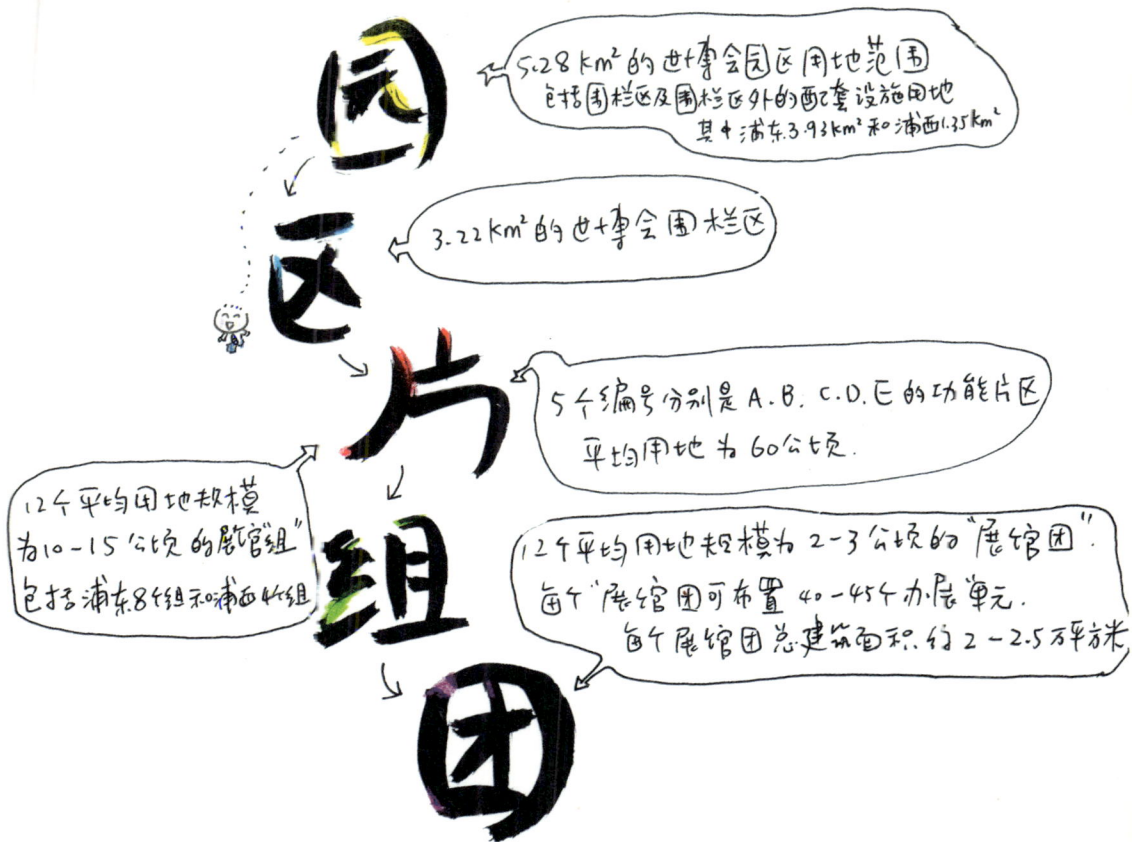

国家馆依照该国所在洲的地理位置以"展馆团"为基本单位，划定和布置办展单元。共分三类：第一类为自建馆，第二类为租赁馆，第三类为免费向发展中国家提供的联合馆。

世博会主题

"城市，让生活更美好"
Better City , Better Life

什么样的城市让生活更美好？

什么样的城市发展模式让地球家园更美好？

什么样的生活观念和实践让城市更美好？

在"城市，让生活更美好"主题下，
回答三个问题，即：

"什么样的城市让生活更美好？"

"什么样的生活观念和实践让城市更美好？"

"什么样的城市发展模式让地球家园更美好？"

副主题

城市多元文化的融合、城市经济的繁荣、
城市科技的创新、城市社区的重塑、城市和乡村的互动

此为上海世博会的"主题内容结构"。这个结构的基本思想为：城市是一个具有生命的有机系统，并通过两条轴线来解读主题——尺度轴和时间轴。

该结构的核心思想即：城市是人创造的，它不断演进演化和成长为一个有机系统。人是这个有机系统中最具活力和最富有创新能力的细胞。人的生活与城市的形态和发展密切互动。

随着城市化进程的加速，城市的有机系统与地球大生物圈和资源体系之间相互作用也日益加深和扩大。

人、城市和地球三个有机系统环环相扣，这种关系贯穿了城市发展的历程，三者也将日益融合，成为一个不可分割的整体。

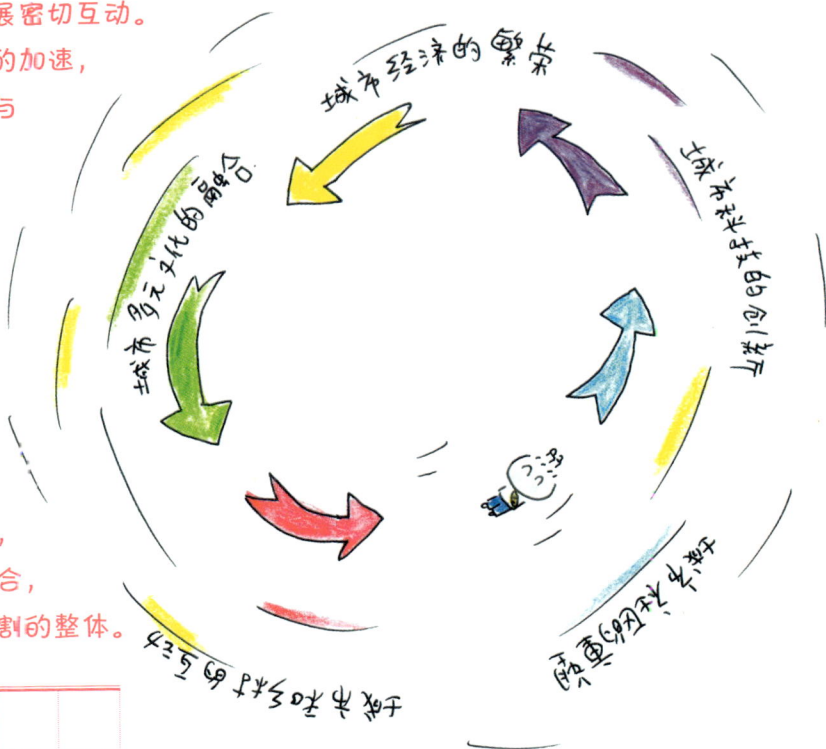

上海世博会是历史上首届以"城市"为主题的综合类世博会。组织者希望通过主题演绎工作达到如下目标：

A 提高公众对"城市时代"中各种挑战的忧患意识，并提供可能的解决方案

B 促进对城市遗产的保护；使人们更加关注健康的城市发展

C 推广可持续的城市发展理念、成功实践和创新技术；寻求发展中国家的可持续的城市发展模式

D 促进人类社会的交流融合和理解

上海世博会吉祥物——海宝

中国2010年上海世博会吉祥物的名字叫"海宝"，意即"四海之宝"。

"海宝"以汉字的"人"作为核心创意，既反映了中国文化的特色，又呼应了上海世博会会徽的设计理念。在国际大型活动吉祥物设计中率先使用文字作为吉祥物设计的创意，是一次创新。"海宝"从头到脚都充满了涵义。

"海宝"的名字朗朗上口，也和他身体的色彩呼应，符合中国民俗的吉祥称谓原则。"海宝"的名字与吉祥物的形象密不可分，寓意吉祥。

吉祥物海宝的整体形象结构简洁、信息单纯、便于记忆、宜于传播。他正用热情的双臂、自信的微笑欢迎来自全球各地的朋友们。虽然只有一个，但通过动作演绎、服装变化，可以千变万化，形态各异，展现多种风采。"上善若水"，水是生命的源泉，吉祥物的主形态是水，他的颜色是海一样的蓝色，表明了中国融入世界、拥抱世界的崭新姿态。

头发： 像翻卷的海浪，显得活泼有个性，
点明了吉祥物出生地的区域特征和生命来源。

脸部： 卡通化的简约表情，友好而充满自信。

眼睛： 大大、圆圆的眼睛，对未来城市充满期待。

蓝色： 充满包容性、想象力，象征充满发展希望和潜力的中国。

身体： 圆润的身体，展示着和谐生活的美好感受，可爱而俏皮。

拳头： 翘起拇指，是对全世界朋友的赞许和欢迎。

大脚： 稳固地站立在地面上，成为热情张开的双臂的有力支撑，
预示中国有能力、有决心办好世博会。

核心思想

城市是人创造的，它不断地演进演化和成长为一个有机系统。人是这个有机系统中最具活力和最富有创新能力的细胞。人的生活与城市的形态和发展密切互动。随着城市化进程的加速，城市的有机系统与地球大生物圈和资源体系之间相互作用也日益加深和扩大。人、城市和地球三个有机系统环环相扣，这种关系贯穿了城市发展的历程，三者也将日益融合成为一个不可分割的整体。

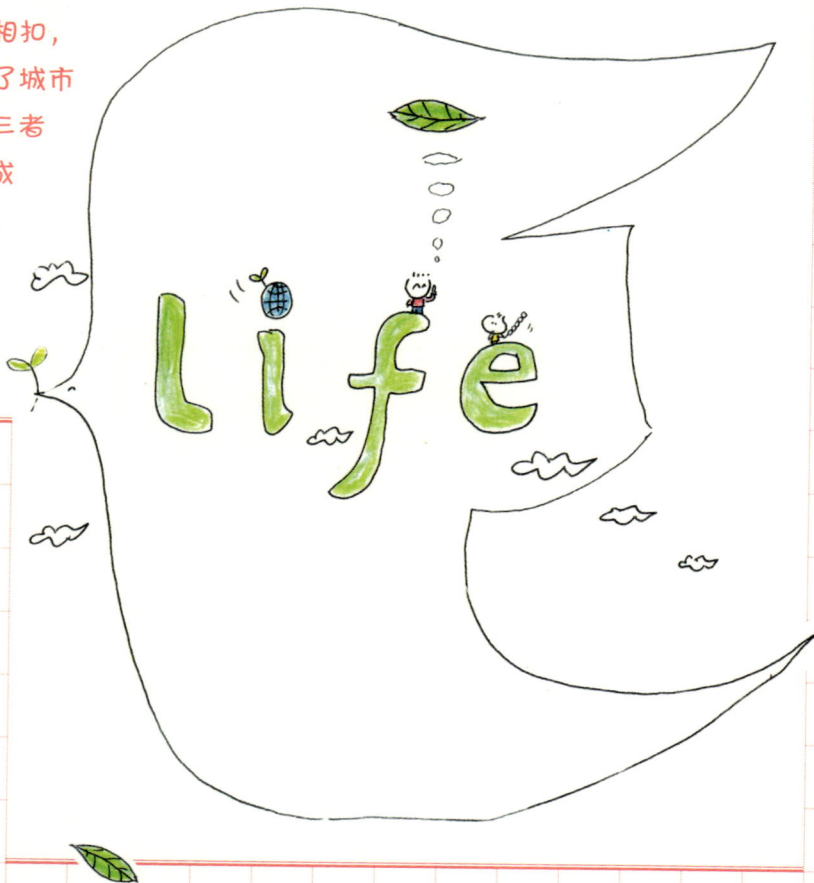

2010年上海世博会会徽

会徽图案是集中反映理念的视觉符号。

2010年上海世博会会徽以汉字"世"为书法创意原形。并与数字"2010"巧妙组合，相得益彰，表达了中国人举办一届属于世界的、多元文化融合的博览盛会的强烈愿望。

会徽图案从形象上看就如一个三口之家相拥而乐，表现了家庭的和睦。在广义上又可代表包含了"你、我、他"的全人类，表达了世博会"理解、沟通、欢聚、合作"的理念，和上海世博会以人为本的积极追求。

会徽以绿色为主色调，富有生命活力，增添了向上、升腾、明快的动感和意蕴，抒发了中国人民面向未来，追求可持续发展的创造激情。

上海世博会志愿者标志

标志主体由汉字"心"、英文字母"V"、嘴衔橄榄枝飞翔的和平鸽构成。与世博会会徽"世"异曲同工，在呈现中国文化个性的同时，表达了志愿者的用"心"和热"心"。"V"是英语单词"Volunteer"的首字母，阐述了标志所代表的群体，赋予其清晰的含义；飞翔的和平鸽代表上海，也象征和平友爱，橄榄枝则寓意可持续发展和希望，传承"城市，让生活更美好"的世博会主题。彩虹般的色彩，迎风飘舞的彩带，是上海热情的召唤。

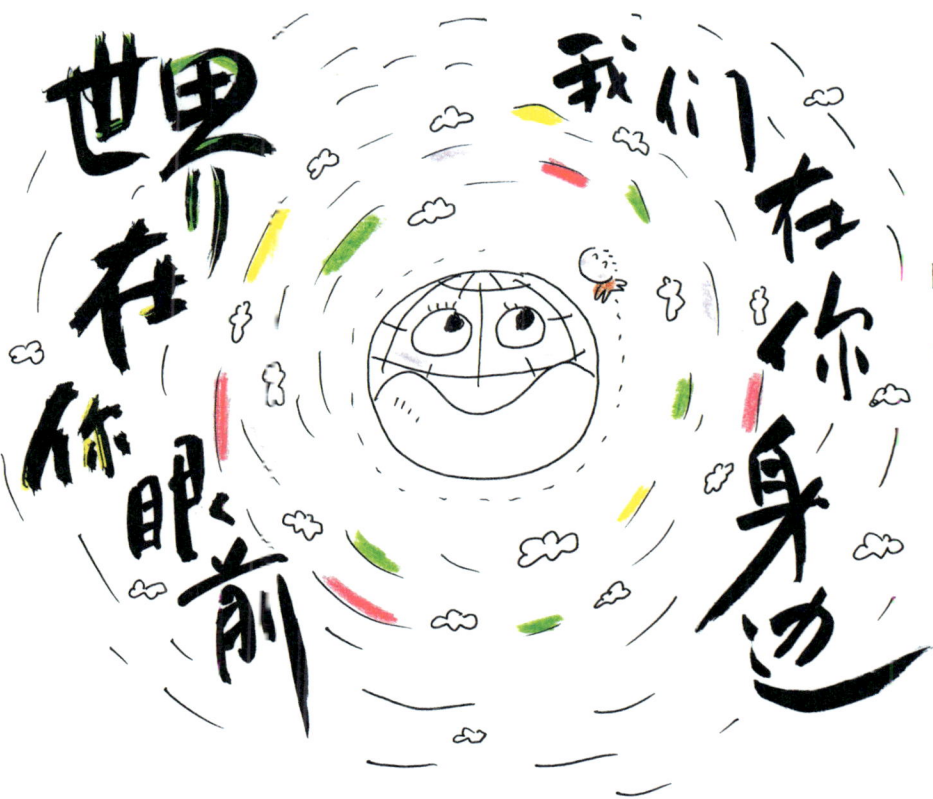

上海世博会志愿者主口号：

"世界在你眼前，
　　我们在你身边"

在你身边
(上海世博会志愿者之歌)

▶▶ 志和愿两个字 都有一颗心

当心和心靠近 城市的脉搏更强劲

人与人加人人 变成了众人

汇聚众人的力量 就能打开时代的大门

世界在你的眼前 梦想用汗水来实现

只要有坚定的信念 未来就能看得见

我们在你的身边 每一次超越了极限

每一个感动的画面 都是壮观的盛典

志和愿两个字 都有一颗心

当心和心靠近 城市的脉搏更强劲

在城市生活 对生活诚实

一起勇敢坚持 让回忆成为骄傲的事

世界在你的眼前 梦想用汗水来实现

只要有坚定的信念 未来就能看得见

我们在你的身边 每一次超越了极限

每一个感动的画面 都是壮观的盛典

世界在你的眼前 梦想用汗水来实现

只要有坚定的信念 未来就能看得见

我们在你的身边 每一次超越了极限

每一个感动的画面 都是壮观的盛典

上海世博会志愿者歌曲

歌曲：在你身边(上海世博会志愿者之歌)

香港歌手陈奕迅为上海世博会演唱志愿者之歌《在你身边》。歌曲由张亚东作曲、陈少琪作词，歌曲旋律悠扬贴近人心，歌词内容积极具有鼓舞性，整首歌曲强调了志愿者对社会及周边生活环境"无处不在"的关怀回馈及积极的生活态度。

参展的国家和组织

共有242个国家和国际组织参加上海世博会。

有朋自远方来
不亦乐乎！！

上海世博会的举办意义

1. 是一次探讨新世纪人类城市
   生活的伟大盛会
2. 是一曲以"创新"和"融合"
   为主旋律的交响乐
3. 是世界各国人民的一次伟大聚会
4. 将成为人类文明的一次精彩对话

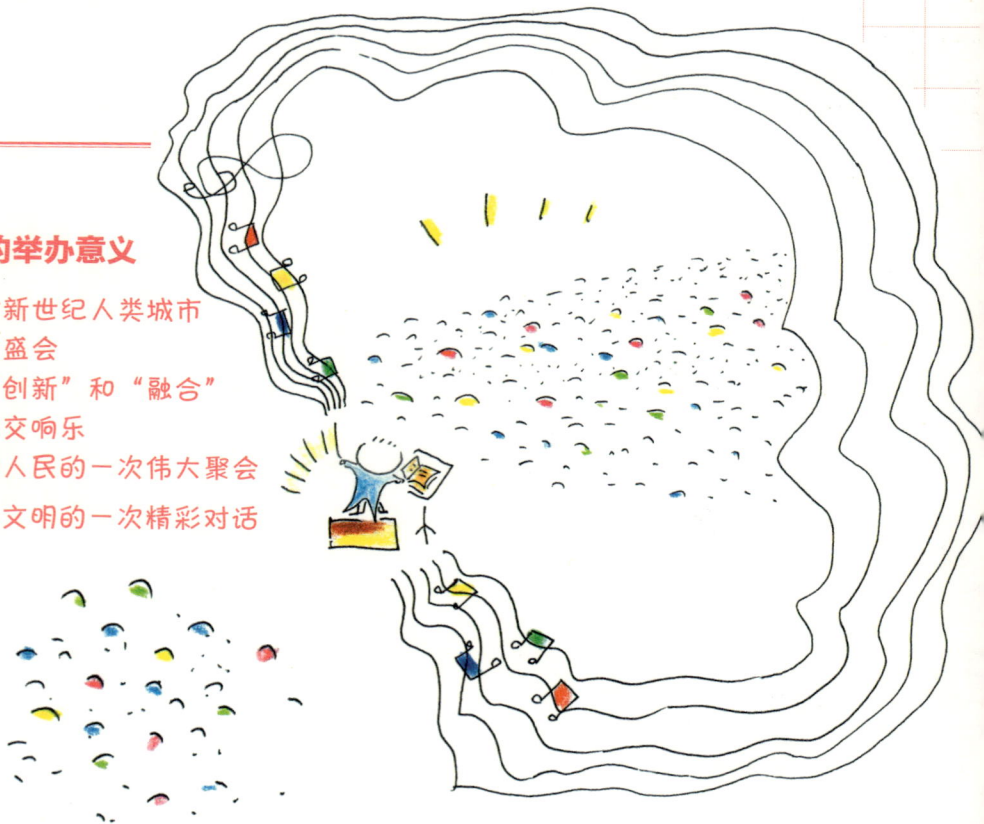

上海世博会形象大使

成龙、郎朗和姚明。由他们联袂演出的一首名为《城市》的歌曲音乐录影带在展会期间首发。

成龙参加了在此次为当年世博搬迁居民的文艺表演。他说，将不遗余力地关注世博、在全世界推广世博，动员身边的人参与世博。姚明在片中向世界说出了上海世博会的主题和愿望："城市，让生活更美好；世博，让上海更精彩；你我，让世博更成功！"

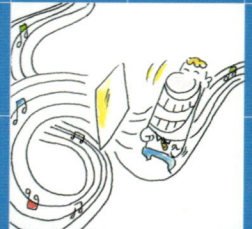

2020

上海世博会场馆

一轴 四馆

连接天与

一轴四馆

指的是世博轴、中国
国家馆、世博会主题馆、
世博中心和世博会演艺
中心等五个标志性的永久
建筑。世博会期间，这里是
世博园区的主入口，从空中平
台和地下联系四大场馆，还与
横穿浦东世博园区的高架步道连通，
参观者进入浦东园区后可由此通达不同
的场馆，很像是城市环线交通的概念。

世博轴

是世博会主入口和主轴线，地下地上各两层，为半敞开式建筑。世博轴是世博会一轴四馆五大永久建筑之一，是一个集商业、餐饮、娱乐、会展等服务于一体的大型商业、交通综合体。世博轴也是世博园区最大的单体项目。世博轴将在上层平台增加顶盖和阳光谷。当你信步在这个巨大通道里时，面前是豁然洒下的阳光，抬眼望去是朗朗天际。关注人、自然、技术的相处之道，"连接天与地"，这就是世博轴赋予人的感动。这个28万平方米的建筑，将在世博会后成为继人民广场、陆家嘴之后的第三个市级中心。

东方之冠
鼎盛中华
天下粮仓
富庶百姓

中国国家馆将作为世博会永久性的专题博物馆保留，中国地区馆则将作为举办各类展览和活动的场所。极富中国建筑文化元素的"斗冠"造型以及表面覆以"叠篆文字"的主题构思，将无数中国人对于世博会的憧憬和梦想寄托在了独特的建筑语言之中。

主题馆

主题馆位于世博园区B片区世博轴西侧，紧邻轨道交通8号线浦东周家渡站，占地面积约11.5公顷，总建筑面积约12.9万平方米，其中地上8万平方米，地下4.9万平方米，建筑高度约27.7米。其造型将围绕"里弄"、"老虎窗"的构思，运用"折纸"的手法，形成二维平面到三维空间的立体建构。建成后的主题馆，将成为一座绿色、节能、环保的展览场馆。主题涉及城市人、城市生命、城市星球，以及足迹、梦想五个概念领域，所以相对应设立了五个主题馆。其中"城市人馆"、"城市生命馆"和"城市星球馆"三个主题馆位于浦东，使用新建展馆；"城市文明馆"和"城市未来馆"位于浦西使用工业遗产建筑改造成展馆。"城市星球馆"展示城市生活对地球的影响。"城市文明馆"则借助建筑、雕塑和绘画艺术品来揭示世界城市发展的进程。

世博中心

建筑布局充分利用沿江景致，使建筑成为真正意义上的全景建筑。世博中心的建筑造型揉合了现代建筑视觉理念，在排列方式上由西向东高低错落，表达出一种既有整体顺序而又不失变化的韵律美。通过新能源、新技术、新材料的广泛使用和生态环境等方面的优化安排，世博中心将建成真正意义上的"绿色建筑"，实现可持续的运营、使用与发展。建成后的世博中心以其富有现代感的外立面和高科技智能型"绿色"建筑，将成为上海城市、黄浦江边又一个新地标。

在世博会期间，承担世博会运营指挥中心、庆典会议中心、新闻中心、论坛活动中心等功能。世博会后，有望成为上海新崛起的"会议、展览、贸易、文化"核心集聚区。

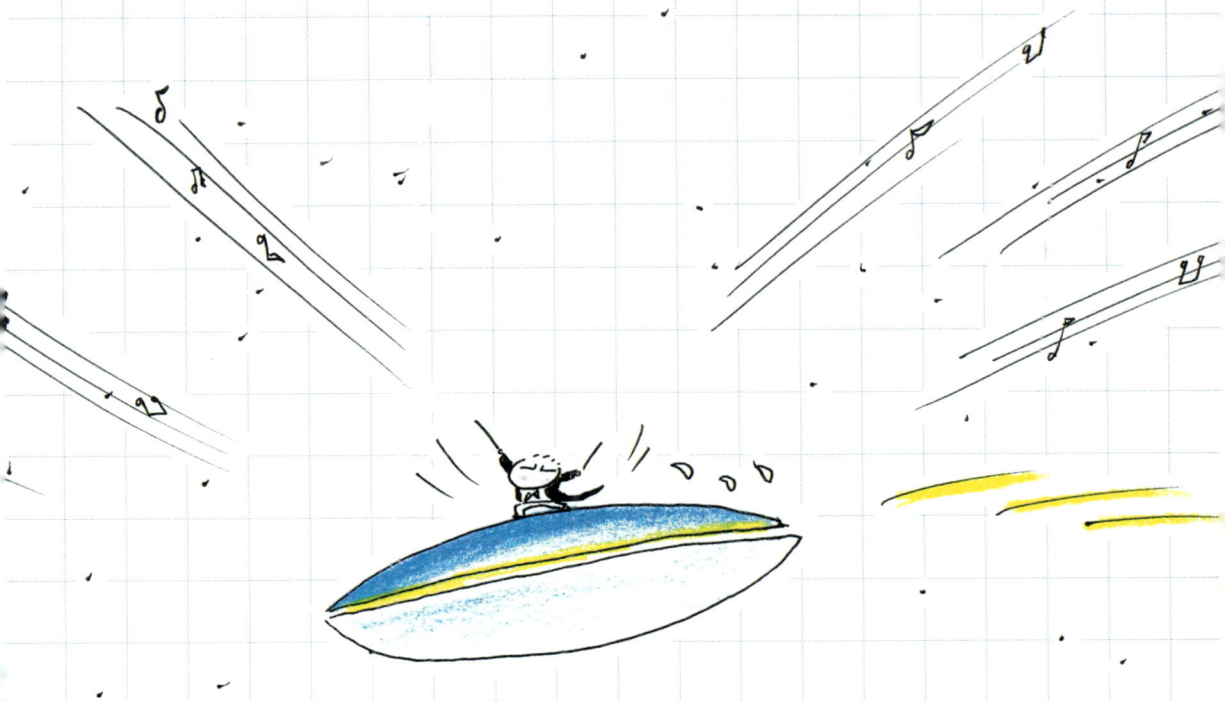

演艺中心

世博演艺中心造型呈飞碟状，不同角度和不同空间会呈现出不同形态。白天如"时空飞梭"、似"艺海贝壳"；夜晚则梦幻迷离，恍如"浮游都市"。

建筑以西北侧卢浦大桥作为底景集中式布局，柔和的建筑形体融于滨江公园绿地之中；与世博庆典广场有机结合、形态交融；与万人庆典广场室内外互动、转换与衔接；与西侧的世博轴、世博中心和南侧的中国馆相呼应、相协调。

亚洲

国家馆

亚洲（45个）：

中国、巴基斯坦、巴林、柬埔寨、蒙古、
尼泊尔、斯里兰卡、塔吉克斯坦、
土库曼斯坦、新加坡、亚美尼亚、越南、缅甸、
哈萨克斯坦、吉尔吉斯斯坦、乌兹别克斯坦、
菲律宾、马来西亚、老挝、也门、日本、
沙特阿拉伯、巴勒斯坦、印度、印度尼西亚、
韩国、文莱、黎巴嫩、格鲁吉亚、
不丹、泰国、伊拉克、阿曼、伊朗、
马尔代夫、阿富汗、孟加拉国、
阿拉伯联合酋长国、
叙利亚、朝鲜、约旦、
以色列、卡塔尔、
科威特、
东帝汶等。

中国馆

采用大气、沉稳的"故宫红"作为建筑物的主色调，色彩夺目，又容易被世界理解。国家馆居中升起、层叠出挑的是凝聚中国元素、象征中国精神的雕塑感造型主体——东方之冠。以整体大气的斗冠造型体现了中国传统建筑的文化要素。同时，传统的曲线设计被拉直，层层出挑的主体造型显示了现代工程技术的力度美与结构美。这种简约化的装饰线条，自然完成了传统建筑的当代表达。

中国国家馆通过城市发展的演绎展示，使人感受自强不息、厚德载物、师法自然、和而不同等智慧。"自强不息"体现了中华民族刚健、蓬勃、顽强的一面，"厚德载物"体现了中华民族谦和、宽容、乐观的一面。"师法自然"要求尊重自然，顺应客观规律，保持人和自然的和谐；"和而不同"认为，世间万物都是"和"，而不是"同"，要尊重不同的文化，善于学习、交流、融合，要保持人和人之间的和谐。从对城市发展的影响来看，这四个"智慧"不是同一个层面的。"自强不息、厚德载物"偏重于对"人"本体的要求，是内省的、世界观层面的，"师法自然、和而不同"偏重于对人行为的要求，是外化的，是处理人与自然、人与人关系的方法论。

一方面承载着历史悠久的中国传统文化精髓，一方面又要展示"城市，让生活更美好"的世博主题，走在"古"意"新"风之间的中国馆肩负着诸多"使命"。

印度馆

主题是让城市和谐，亮点是万象和谐。面积4000平方米，设计灵感全部源自印度最古老、最气势恢宏的建筑。展馆的圆拱形大门，建筑灵感来自位于艾哈迈达巴德的"Siddi Syed"寺；广场地面为陶土与青石修建，灵感来自瓦那纳西的兰浦尔宫殿，通过内置水管实现制冷；中央穹顶象征着印度"万象和谐"的主题，设计灵感来自桑奇佛塔，是印度教、佛教、伊斯兰教、耆那教、锡克教以及基督教中经常出现的建筑风格，让参观者宛若置身于佛法圣地，一下找回了内心的宁静。印度馆所有的展示都围绕"城市与和谐"的主题展开，通过由古至今的印度城市时空之旅，从公元前2000-3000年的莫汉佐达罗和哈莱潘文明，到中世纪时期的MOHALLAHS城市生活形态，都被惟妙惟肖地描绘了出来。

以色列馆

主题为"创新让生活更美好"面积约2000平方米。分为低语花园、光之厅、创新厅三个体验区。在体验区中游客能分别体验与三方的对话，在低语花园中同自然对话，在光之厅里和犹太历史对话，在创新厅与未来的挑战对话。

整个展馆的高潮在创新厅，游客们将在这里享受到一场由漂浮在三维空间里的灯球所呈现的360度视听演出，演出将展现以色列在其各领域中的科技创新及重要成果。向人们展现传统与不断进步着的犹太文化，并通过对话等展示形式，向参观者传递犹太文化与中国文化的相同点。

为突出主题，展馆在建筑上充分利用了"创新与未来"元素。以色列国家馆被称作"海贝壳"，名称与上海世博会吉祥物海宝以及上海沿海城市的特点相呼应。展馆外观由两座流线型的建筑体组成，形似环抱在一起的双手，象征着以色列的科技与创新。

新加坡馆

以"城市交响曲"为主题。新加坡馆外广场上的喷泉，是"城市交响曲"的序曲。在葱郁的草木掩映之下，水柱的聚散起落将为夏日的上海世博会带来清凉而悦耳的韵律。而闻名遐迩的新加坡花园景观将在展馆顶部绽放，它将不言而喻地提醒人们居住在花园城市中的美好。国土面积有限的新加坡，拥有4,868公顷的公园土地、草地，国花"胡姬花"更是久负盛名。新加坡馆将带你体验被水与花园簇拥的美好。环保节能设计是新加坡馆的一大亮点。新加坡馆的各个细节，从侧面体现出这个自然资源匮乏的国家，对每一份天赐能源的珍惜。新加坡馆设计的另一大亮点是四根形状各异的立柱，它们沿着平滑的曲线从楼顶悬吊下来，贯穿上下，相互映衬，张力之间形成一种令人叹为观止的平衡。而这四根立柱，正象征着新加坡和谐共存的多元民族。

泰国馆

主题为"泰国人：可持续生活方式"，占地3117平方米。共分为三个展厅：第一展厅名为"和谐的历史之旅"，以中央的悬空水幕为特色，巨幅电子屏将透过水幕描绘绚烂多彩的泰国历史；第二展厅名为"不同声音的和弦"，体现泰国本土与整个世界的经济和文化的融合；第三展厅名为"和谐的泰国人"，展现泰国各民族、各阶层共同繁荣的景象。

沙特馆

一艘契合中东地理环境
元素并具有伊斯兰文化特点
的"月亮船"。建筑面积6100平方
米，位于世博园A区。规模仅次于中国馆，
"生命的活力"就是这座建筑的主题。设计理念为上下两个花园之
间的悬空展馆。灵感来自于沙漠中的绿洲，主体建筑更像一艘高悬
于空中的大船，底部和甲板种满了沙特标志性植物：枣椰树。沙特
是中国南方到阿拉伯半岛的海上丝绸之路中最重要的驿站之一，船
作为表达中沙友谊的最好的象征方式，这艘船盛满了枣椰树，盛满
了宝藏，也盛满了对中国人民的感情。大船的构造更是高科技。主
体建筑虽然没有一扇门和窗户，但光线十足，空气畅通。原来它不
是从太阳那里直接得到光线，而是利用并转化光能的。风则是从悬
空的底部缓缓吹来，实现能源的环保利用。馆内除了展示绵延数千
年的丝绸之路交流，介绍沙特地理位置、人口、历史、政治等国
情，还有全世界最大的IMAX3D影院。游人将被1600平方米的屏幕全
方位环绕，感受高科技的全新魅力

日本馆

主题为"心之和、技之和"。银白色的展馆形成一个半圆型的大穹顶，宛如一座"太空堡垒"，其实，这是一层含太阳能发电装置的超轻"膜结构"。这让日本馆成为一座会"呼吸"的展馆。延续了爱知世博会"与自然共生"的理念，在设计上采用了环境控制技术，使得光、水、空气等自然资源被最大限度的利用。展馆外部透光性高的双层外膜配以内部的太阳电池，可以充分利用太阳能源；展馆内将使用循环式呼吸孔等最新技术。

日本馆融合了日本传统特色与现代风格两种形态，通过过去、现在、未来三部分的讲述，让参观者在视觉、触觉、听觉的感受下，了解一个真实的日本，以及可持续发展的21世纪新型的城市生活形态。

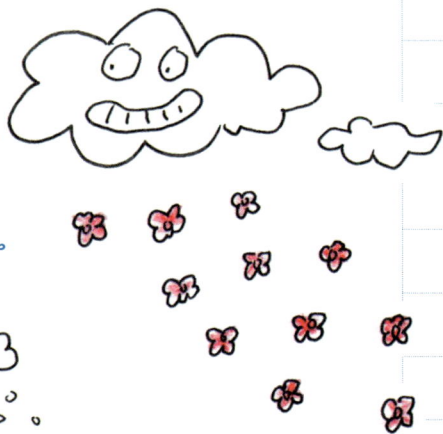

尼泊尔馆

主题为"加德满都城的故事——寻找城市的灵魂；探索与思考"位于世博园区B片区，截取了首都加德满都在两千余年历史中，作为建筑、艺术、文化中心的几个辉煌时刻，通过建筑形式的演变来展现城市的发展与扩张。尼泊尔展馆的另一个亮点，是突出尼泊尔在环保、可再生能源和绿色建筑等方面所做出的努力。尼泊尔约有2642万人口，其中有86.2%的人民信奉印度教，7.8%信奉佛教，3.8%信奉伊斯兰教，信奉其他宗教人口占2.2%。而它的首都加德满都更是一座"寺庙之城"。尼泊尔国家馆的主题正是希望通过加德满都，为城市寻找灵魂，探索它的过去及未来。

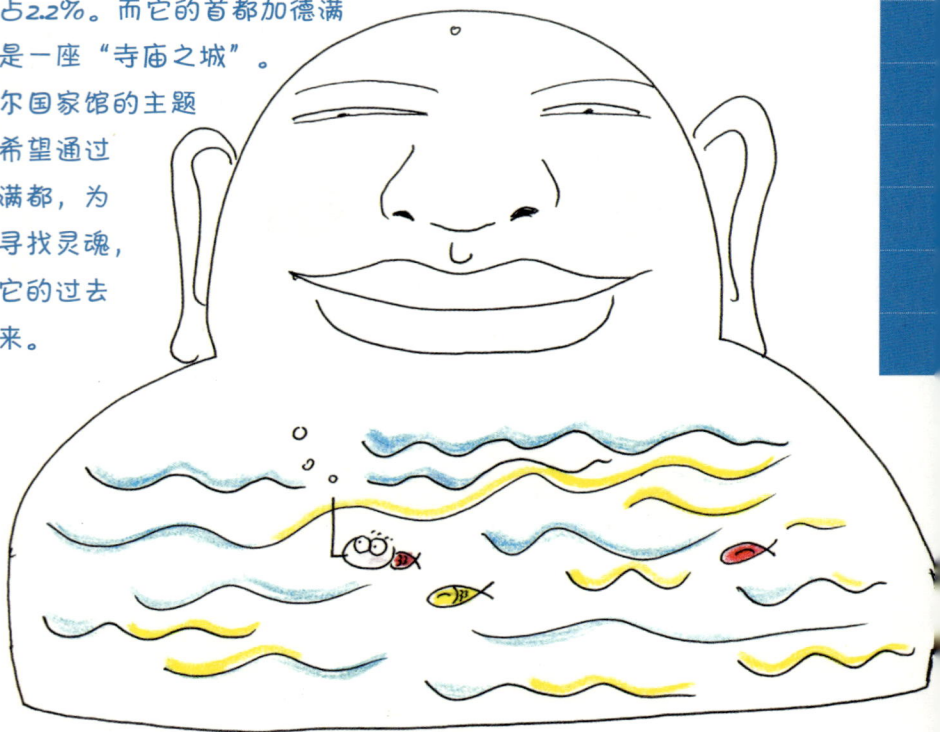

马来西亚馆

马来西亚提出了"和谐马来西亚，以人为本，行动为先"的全新理念，以此促进民族团结、国泰民安、和平稳定——马来西亚馆的主题"和谐城市生活，融洽马来西亚"就来源于此，同时也正呼应了上海世博会"城市，让生活更美好"的主题。占地面积3000平方米的马来西亚馆，将采用可循环利用的油棕、塑胶等材料建筑而成，重点展现马来西亚的独特风情和团结的民族精神。展馆的设计灵感源自马来西亚传统建筑。整个建筑由两个高高翘起的坡屋顶组成，线条优美而极具动感，屋顶尖端的交叉构架是马来西亚本土建筑的一个符号。

展馆一层，外廊和入口部分以伊斯兰教清真寺为原型，体现伊斯兰教作为马来西亚国教的重要地位;屋顶被柱廊架起，在表现手法上模拟传统长屋的模式。展馆外墙则借鉴了马来西亚传统印染的纹理，由蝴蝶、花卉、飞鸟和几何图案组成。参观者在这里不仅可以领略马来西亚槟城、马六甲   等世界文化遗产的魅力，还可以   通过迷你高尔夫和马来西亚传统的室   内游戏感受马来西亚的城市生活。

韩国馆

位于世博园区A片区的韩国馆的主题为"魅力城市、多彩生活"，面积6000平方米，上下共三层，是上海世博会面积最大的展馆之一，也是韩国参加在本国之外举办的历届世博会中规模最大的一个展馆。韩国馆的设计意在诠释出技术与文化融合在一起的未来城市，造型亮点为"韩文字幕组合"。引领城市发展的信息、生物、纳米、普适、宽带技术以及韩食、韩服、韩文、韩屋、韩纸、韩国音乐都将是展示的亮点。而在历届世博会上大放异彩的多媒体影像技术，更是将真实、摩登的韩国酣畅淋漓地展现在参观者面前。

阿联酋馆

主题为"以独特的方式告诉世人能源利用的故事"位于世博园区A片区的阿联酋展馆面积为6000平方米，是上海世博会最大的展览场馆之一。造型亮点：模仿天然沙丘。阿联酋展馆将以独特的方式告诉世人有关能源利用方面的故事。提醒人们不要忘记过去先人想出特殊方法解决困境的经验，学习先人如何将新鲜的水送到沙漠殖民区，或者如何不用电力或其他能源而让房屋凉爽的方式。阿联酋计划展现本国文化美好的部分如何被保存，如何与'未来的城市'概念相结合。

巴基斯坦馆

坐落于中国馆西面，两国展馆仅一步之遥，
"基于城市多样化的和谐"展现巴基斯坦文化、
传统、现代和历史等多方面的融合。设计源自
巴基斯坦著名的拉合尔古堡，这座古堡始建于1025年，
又在1566年经历改造后呈现出现在的面貌。拉合尔是巴基斯
坦的文化中心，拉合尔古堡从其建立之初就见证了历史的变
迁，也成为了这个城市极具象征力的地标，这座美丽而著名
的古堡已被列入联合国教科文组织的世界遗产名录。

印尼馆

热带的花朵热带的树，一丛丛竹子直长到屋顶外；更神奇的是，你可以想象在一幢现代建筑内"飞流直下三千尺"成为现实吗？因为在印尼村庄，几乎每家每户都有竹子制成的桌椅或屋棚，所以4000平方米的四层印尼馆内，竹子无处不在；因为在素有"千岛之国"美称的印尼，逾半面积是"水世界"，所以近20米高的印尼馆正中央是一道17米高、40米宽的瀑布，印尼汇聚了100多个民族、200多种民族语言，印尼馆的主题定为"生态多样化城市"，要充分展现一个自然与人、人与人和谐共存的美好形象。人们透过印尼馆，透过竹、木这些会呼吸的材料，看到印尼在自然与海洋资源、文化和创意资源以及贸易、旅游等方面的丰富、多样化的发展潜力。

阿曼馆

阿曼位于阿拉伯半岛东南部，
是半岛上最古老的国家之一。阿曼
注重在可持续发展中创造美好的城市生活，并注重保护历史古迹、
与自然和谐共处。阿曼也深受旅游爱好者的喜爱，是最受欢迎的旅
游目的地之一。 阿曼馆面积2000平方米，是一座融合阿拉伯特色与
现代风格的展馆。阿曼馆的建筑外观将体现尼兹瓦古城和苏哈尔港
口城市的风貌。苏哈尔城在历史上是阿曼通往中国的重要入口。展
馆外部的蓝色玻璃将让人联想起阿曼传统航海古船漂亮的船头。 阿
曼馆将通过展现阿曼古城、沙漠之城、山川之城、海岸之城、首都
马斯喀特，以及2020年完全建成的蓝色城市等，来体现与自然和谐
发展的阿曼城市、阿曼的城市生活和潜能、阿曼的资源可持续利
用、阿曼的城市历史和未来城市展望等。

柬埔寨馆

世博会的副主题"多元文化交融的城市"反映了柬埔寨的愿望，即希望世界了解柬埔寨丰富的文化、艺术、经济发展潜力和未受破坏的自然环境，从而推动对贸易、旅游等有利于柬埔寨经济增长、扩大就业的产业的投资。 柬埔寨位于东南亚的中部，国土面积181,035平方公里，和越南、老挝、泰国接壤。湄公河流经中国、泰国、缅甸、老挝和越南后从柬埔寨的中部穿过。 柬埔寨拥有东南亚最大的淡水湖。大湖（称：洞里萨湖）占地6.5万公顷。有三个自然保护区，是众多自然生物的乐园，其中很多是稀有物种，包括鱼类、鸟类在内的野生动物，风景如画的森林。淹没在丛林深处的吴哥窟向人们讲诉着这个古国曾有的伟大文明。

欧洲
国家馆

欧洲（45个）

法国、荷兰、摩纳哥、瑞士、乌克兰、意大利、
西班牙、匈牙利、德国、克罗地亚、英国、
保加利亚、波兰、卢森堡、阿尔巴尼亚、土耳其、
比利时、立陶宛、黑山、摩尔多瓦、白俄罗斯、
俄罗斯、葡萄牙、塞尔维亚、芬兰、阿塞拜疆、希腊、
捷克、前南斯拉夫马其顿共和国、罗马尼亚、爱尔兰、
塞浦路斯、奥地利、丹麦、瑞典、圣马力诺、挪威、
斯洛伐克、爱沙尼亚、波斯尼亚和黑塞哥维那、冰岛、
马耳他、斯洛文尼亚、拉脱维亚、列支敦士登

英
国
馆

外型简洁，并创意无限，这就是英国国家馆所演绎的视觉感受。主题为"让自然走进城市"。整个建筑最大的亮点，也就是它的核心部分："种子圣殿"——六层楼高的立方体结构，周身插满约6万根透明的亚克力杆，这些亚克力杆向外伸展，随风轻摇。白天，光线透过透明的亚克力杆照亮"种子圣殿"的内部；晚上，它们内含的光源能点亮整个建筑。

"种子圣殿"将不仅因为这个独特的设计而惊艳于众，它所带来的体验更加意义深远。参观者在进入"圣殿"之后会发现6万根亚克力杆每一根里都含有不同种类、形态各异的种子。它象征着英国对世博会主题"城市，让生活更美好"的诠释，独特地展示了英国在全球自然资源保护上所起的领先作用，同时也向公众展示了生物多样性在人类生活的各个领域，如新药研发、新材料开发、建筑技术、通讯系统和可持续能源等，所能给我们带来的创意和其中蕴含的巨大潜力。正是通过种子来发掘和利用大自然的力量，我们才能更好地保护人类的未来和我们生活的环境。"种子圣殿"周围就像一张打开的包装纸，将包裹在其中的"种子圣殿"送给中国，作为一份象征两国友谊的礼物。整个世博会期间，在这张展开的"包装纸"上，还会举办一系列的英国文化活动来款待参观英国馆的公众。

意大利馆

用20个可任意组合的功能模块组合出了名为"人之馆"的意大利国家馆。主题为"理想之城，人之城"，亮点是"功能模块，方便重组"。20个功能模块代表了意大利20个大区，形状就像游戏棒一样可以随意变幻。从外观看，整个意大利国家馆如同分裂的马赛克，体现了不同地区、不同文化的和谐共处。散布在展馆内部的水和自然光，共同营造出一个舒适温馨的环境。原本在意大利传统城市中随处可见的元素，在"人之城"内被重新展示，唤起了人们对历史的回忆。"人之馆"不仅在设计上新颖别致，它还采用了一种最新发明的多样化材料——透明混凝土。

这种加入了玻璃质地的混凝土材料可以形成不同透明度的渐变，还能随时感知建筑内外部的温度、湿度等。展馆内部类似"刀锋"的设计除了能制造出幻化的光影效果外，还能向展馆内输送自然风。

西班牙馆

西班牙馆是一座复古而创新的"藤条篮子"建筑，参观者宛若置身西班牙城市的街道上一样。位于世博园区浦东片区，西班牙馆外墙都由藤条装饰，通过钢结构支架来完成，线条呈流线型，阳光将透过藤条的缝隙，洒在展馆的内部。这8524个藤条板不同质地、颜色各异，面积将达到12000平方米。运用书法艺术组成一个个古老的中国文字，外墙将呈现出一首中国诗歌，给中国观众留下隽永的印象。藤条这项古老的手工艺无论在西班牙还是中国都有悠久的历史，藤条材料的广泛应用如同连接中西方的桥梁。

西班牙馆主题为"我们世代相传的城市"，由"从自然到城市"、"从我们父母的城市到现在"、"从我们现在的城市到我们下一代的城市"三大空间组成。展示从远古时期的野蛮和近代文明到现在的变化，再到畅想未来。世博会期间，西班牙馆将为上海带来最知名的西班牙艺术家，还有歌剧、弗拉门戈、舞蹈、音乐等，展示一个最真实的西班牙。

瑞士馆

充分体现"高智能"的4000平方米的瑞士馆，主题为"城市与乡村的互动"，最特别的要数缆车观景。乘坐缆车从地面到屋顶的整个过程大约10分钟，缆车每小时能运载3500人，并设有遮雨蓬，雨天也能正常运营。它将带着乘客从负荷沉重的"城市"进入馆顶令人赏心悦目的"自然世界"。科技的眼光加上美好的梦想——展馆极大地体现了现代瑞士的特质：追求卓越、不断创新和高品质的生活，同时也展示了瑞士面向未来、具有前瞻性和可持续
性发展的理念。造型
亮点为展现一个
未来世界的
轮廓。

瑞典馆

主题为"创意之光"。设计灵感来自城市与乡村生活的互动。整个展馆的建筑式样采用传统的城市建筑，由四个相互链接的建筑物组成。建筑外型还将突出展示，木材是如何应用于现代建筑领域，以及如何选用适当的材料来实现节能效果的内容。"可持续发展"、"创新"以及"交流"是瑞典馆的三个主题词，具体展示了瑞典面对挑战时采取的解决方案。展现瑞典提高城市环境水平的措施和能力，以及新技术环境下，加强交流的重要性等方面的内容。每位参观者都可以在瑞典展馆中，兴趣盎然地体验到瑞典的文化、社会精神、工程技术、传统、对自然的热爱，以及最重要的创新精神。造型亮点是"展现城市与乡村的互动，采用传统的城市建筑，突出展示木材在现代建筑领域的运用"。

挪威馆

由15棵巨大的"树"构成，主题为"挪威·大自然的赋予"。"树"来源于木头和竹子，并可在展后再利用，充分体现了"可持续发展"的理念。太阳能和雨水是它的运作动力，大自然赋予了挪威一个美丽的展馆。独特的建筑材料、各种环保理念和节能技术的运用，是挪威馆的一大亮点，它丰富的展示内容一定会让参观者流连忘返，或者还会迫不及待的想试上一试。挪威在发展城市的进程中，一直致力于对大自然资源的可持续发展利用，并且在积极保护环境方面也做出过很多重要贡献。他们对于自然的热爱和保护，以及挪威人民的美好城市生活，都将通过上海世博会的平台，为世界各国提供宝贵经验。

罗马尼亚馆

苹果外形和标志文字 "GREEN OPOLIS" 体现了健康生活方式的重要性、对可持续发展理念的关注以及针对现代社会普遍存在问题的以知识为本的解决方案。体现了"绿色城市"的理念。基于当今城市文明面临的诸多挑战，罗马尼亚国家馆将反映城市中的历史文化遗产，表现罗马尼亚致力于更美好生活的智慧。

卢森堡馆

展馆结构像一座壁垒，并把中世纪的塔楼包围其中。主题为"亦小亦美"。造型亮点为"袖珍"的森林和堡垒。堡垒有众多出入口，可以不需排队等待，随时根据自己的喜好停留、参观。开放的翼楼上，有为孩子们设计的游戏娱乐场。在中文里，"卢森堡"其实就是"森林和堡垒"的意思，受到了中文翻译的启发，设计师们设想出了一种几乎只用独块巨石的雕刻方法。而整个卢森堡展馆也被比喻成一个周围绿树环绕的开放式森林。作为欧洲的"绿色心脏"，卢森堡向来十分重视环保问题。整个展馆的建筑材料都是钢、木头和玻璃等可回收材料，能源的回收再利用也将成为可持续发展城市的一个典范。尽管只有约1300平方米的展览面积，不过卢森堡馆把"亦小亦美"演绎得淋漓尽致，参观者们可以一边品尝当地特色的腌肉和啤酒，一边体会卢森堡人民的智慧和创新。

捷克馆

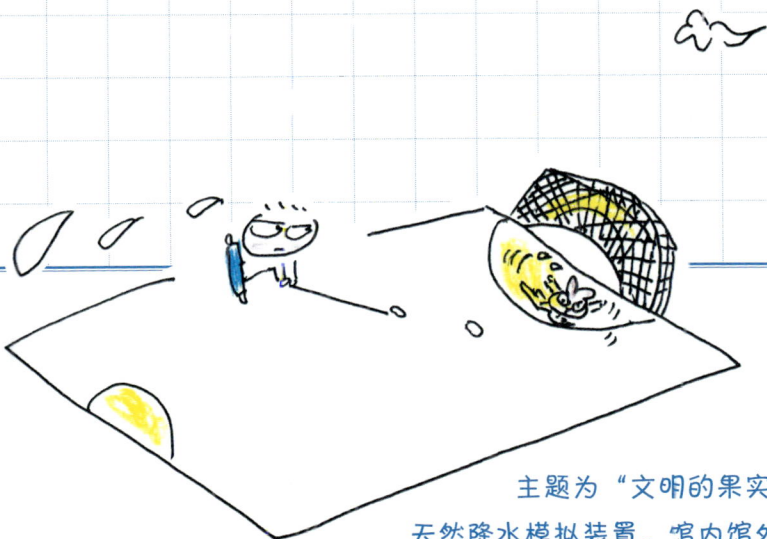

主题为"文明的果实"，最大的亮点是天然降水模拟装置。馆内馆外，无处不让人感觉如置身于捷克的某个城市中一般。捷克馆将分为主要展示区域、多媒体大厅、主题馆和纪念品商店等几部分。外观将体现捷克首都及历史中心布拉格的风貌，外墙为白色，表面覆盖由硬橡胶制成的冰球。捷克多次在国际重大冰球项目比赛中获胜，而冰球也是捷克重要的出口商品，捷克希望通过冰球体现该国的特色。结合了过去与未来的元素。展馆将重点体现环保概念，展馆内的多媒体展厅呈现了捷克用其独特的方案解决交通拥堵、环境污染等城市问题的方法。

芬兰馆

主题为"优裕、才智与环境"，口号是"芬兰，灵感分享"。芬兰馆有一个很诗意的名字——"冰壶"。它所呈现的，是一个微型的芬兰及其整个社会的风貌。展馆的设计灵感来自芬兰的海岛礁石、碧波倒影、天空剪影，甚至还有芬兰原始森林的树木所散发的独特清香。这些自然的元素在设计师的雕琢后，使"冰壶"成为一处宁静的港湾。漫步其间的人们，得以暂时脱离都市生活的喧嚣和疲惫，任凭自由的思想和观点在这里碰撞、交流和融合。芬兰馆营造了一种"美好生活"的原景，自由、创造、创新、社区精神、健康与自然。这些美好元素的完美融合，为人们提供了一个探讨美好生活发展蓝图的平台。

法国馆

主题为"感性城市、脱离地面的漂浮形式"。在这里，法国美食带来的味觉、法式庭院带来的视觉、清凉水世界带来的触觉、法国香水带来的嗅觉以及老电影片段带来的听觉等感性元素，将带领观众体验法国的感性与魅力。

法国馆将美同现代性结合相融，是一栋具有未来色彩的建筑，将开放性地展现法国城市生活。整个参观过程将呈现法国的活力及其生活艺术。

看点1：法国馆漂浮于水面上，这种脱离地面的手法，尽显水韵之美。整座建筑被一种新型混凝土材料制成的线网"包裹"，还包括植物绿化墙体、内外水池设计等。

看点2：法国馆的中心位置是一座法式园林，溪流沿着法式庭院流淌、小型喷泉表演、水上花园等，构成了一个清新凉爽的世界。参观者可以在阳光和水的环绕中，享受鸟鸣、美食和花香，同时，现场还会播放法国城市环境声效。

看点3：在展馆内以平衡理念作为设计背景，设置大量的视频投影、活动图像，以及不规则线条外框、反射跳动的波光……这都将使建筑物产生动感。

看点4：阿兰·德隆成为法国馆形象代言人，在法国馆设立的"法国馆频道"中，他将讲述他和中国人民之间的感情故事。

看点5：快乐且充满活力的吉祥物小猫Léon将欢迎每一位参观者。参观者可以在法国馆开馆现场共享印有"2010年上海世博会法国馆"字样特别版香槟酒。每位到法国馆的参观者还将有机会得到一份神秘礼物以作纪念。

看点6：参观者可以在法国馆观赏到"法兰西浪漫婚典"。该婚典在法国图尔市连续举办了几届，在2010年将移入上海世博会法国馆。新人们将可能在法国馆别致的法式园林中，举行他们缘定今生的婚典仪式。

俄罗斯馆

形似"太阳花"的俄罗斯国家馆主题为"新俄罗斯：城市与人"。占地6000平方米，是上海世博会最大的自建馆之一。俄罗斯馆所有的塔楼都呈L形，水平部分连接到中央广场，在中央广场上是一个巨大的"文明立方"，也是俄罗斯馆的主展示厅。俄罗斯展馆的主体部分也将分为"花朵城"、"太阳城"、"月亮城"三个部分。第一层也叫"童年城"，是一个遍布巨大花朵和水果的"小人世界"。所有的装饰物品均个体庞大，会让参观者感觉似乎变成了小孩，重返童年。第二层"太阳城"展示俄罗斯青少年所设计的科技作品，展现青少年的理想，即人类无所不能。在外形设计上，"太阳城"将是一个人造微缩空间，这里太阳永恒照射，洒向每个窗口。第三层被命名为"大世界"，展品主题为"月亮城"。屋顶镶嵌着一个个圆形屏幕，通过视频播放的方式将观展者的视野引入太空。

"最好的城市应该是最受孩子们喜爱的城市。"俄罗斯馆设计灵感来源于诺索夫的名作《小无知历险记》，乍一看，小无知和他的朋友们的经历不过是小说家幼稚的虚构，但其中却蕴含着人类对理想世界的无限渴望。将俄罗斯馆展品的表现形式设计为理想城市——儿童和成年人的美丽园地。

德
国
馆

占地面积6000平米，主题"和谐城市"的德国国家馆，开放状建筑外形轻盈飘逸。"严思"、"燕燕"——两位特殊的虚拟讲解员，将陪伴人们穿行于各展馆。穿越了一条充满典型德国都市画面的"动感隧道"后，参观者们便会踏入"和谐都市"内设计布置奇妙的体验空间。有用灯光、色彩和声响打造的"人文花园"、展示德国设计产品的"发明档案馆"和"创新工厂"、展示各种德国发明的新型材料的"材料之园"。

德国馆造型亮点是悬浮于空中的建筑，其中最大的亮点是一个名为"动力之源"的展厅。在那里，参观者们可以与展厅内的巨大金属球进行互动，金属球会随着人群的动作及呼声做出各种回应。参观者们越踊跃、越齐心，金属球所产生的能量就越大。这个巨大的金属球就是一个城市，而让城市充满活力则需要每一个人的努力和团结。

丹麦馆

骑自行车穿梭在环形轨道、带孩子们在游乐场尽情玩耍、品尝有机食品的野餐体验、用足尖感受来自丹麦港口的水……这些充满异域风情的画面在上海世博会丹麦馆中一一呈现。主题为"幸福生活，童话乐园"的丹麦馆由两个环形轨道构成，形成室内和室外部分，并由一个连贯性的平台连接，它将呈现包括一个盐水池、上百辆自行车、还有小美人鱼在内的丰富多彩的展示内容。"幸福生活，童话乐园"的展览主题是指生活方式，消费和增长与可持续发展和社会思考紧密联系的状态，它将为世界各国的民众提供体验丹麦城市生活的机会。

波兰馆

展馆将产生丰富视觉体验的建筑物造型亮点是以民间剪纸艺术为主题外观，外部由相互交织的剪纸图案所组成，阳光可以透过缝隙进入大厅，主题为"人类创造城市"。当黄昏降临，变换色泽的室内光线穿透剪纸图案，使展馆呈现出不同的色彩。它还具有多个表面，一方面构成折叠的"剪纸板"，另一方面又构成有趣的几何形状的内表，空间灵活，可以创造性地分割成不同部分，为展览、音乐会和其他内部需要分割成不同的功能区域。主展馆的灯光将营造一种明暗错落的效果，内部的墙体也可以作为荧幕，播放波兰社会生活等方面的视频。同时，展馆的设计同样充满着人性化，比如在开放式的餐厅处为排队的游客提供了遮阳的场地。

比利时馆

　　"脑细胞"结构是比利时馆的整体设计理念，表现出比利时"欧洲首都"的独特地位。"脑细胞"也寓意着比利时作为欧洲三大传统文化——拉丁、日耳曼和盎格鲁-撒克逊文化——的汇聚地和交汇点所扮演的重要角色，"脑细胞"的灯光与色彩变幻将自然地融入上海的夜景中。参展主题是运动和互动。展馆的一面外墙将采用透明的玻璃材料，另三面将采用延展的金属板形成封闭幕墙，展馆不仅是欧洲厅、比利时厅及其各共同体和地区展厅的所在地，更提供各类社交和会晤场所，塑造比利时对外开放的形象和态度以及多文化的和谐共存，表现比利时人"懂得享受生活"的理念。比利时以巧克力和钻石闻名于世，世博会期间，顶级钻石展将亮相比利时馆，届时，来自世界各地的钻石设计师们将带来他们的作品，其中更包括了十几位来自中国的设计师，两国的时尚模特儿也将登场助兴。比利时馆将复制一个梦幻般的"巧克力工厂"，在工厂中，参观者能看到巧克力的制作过程，甚至能免费品尝比利时巧克力，一些巧克力将被做成上海地标建筑如东方明珠的形状。

奥地利馆

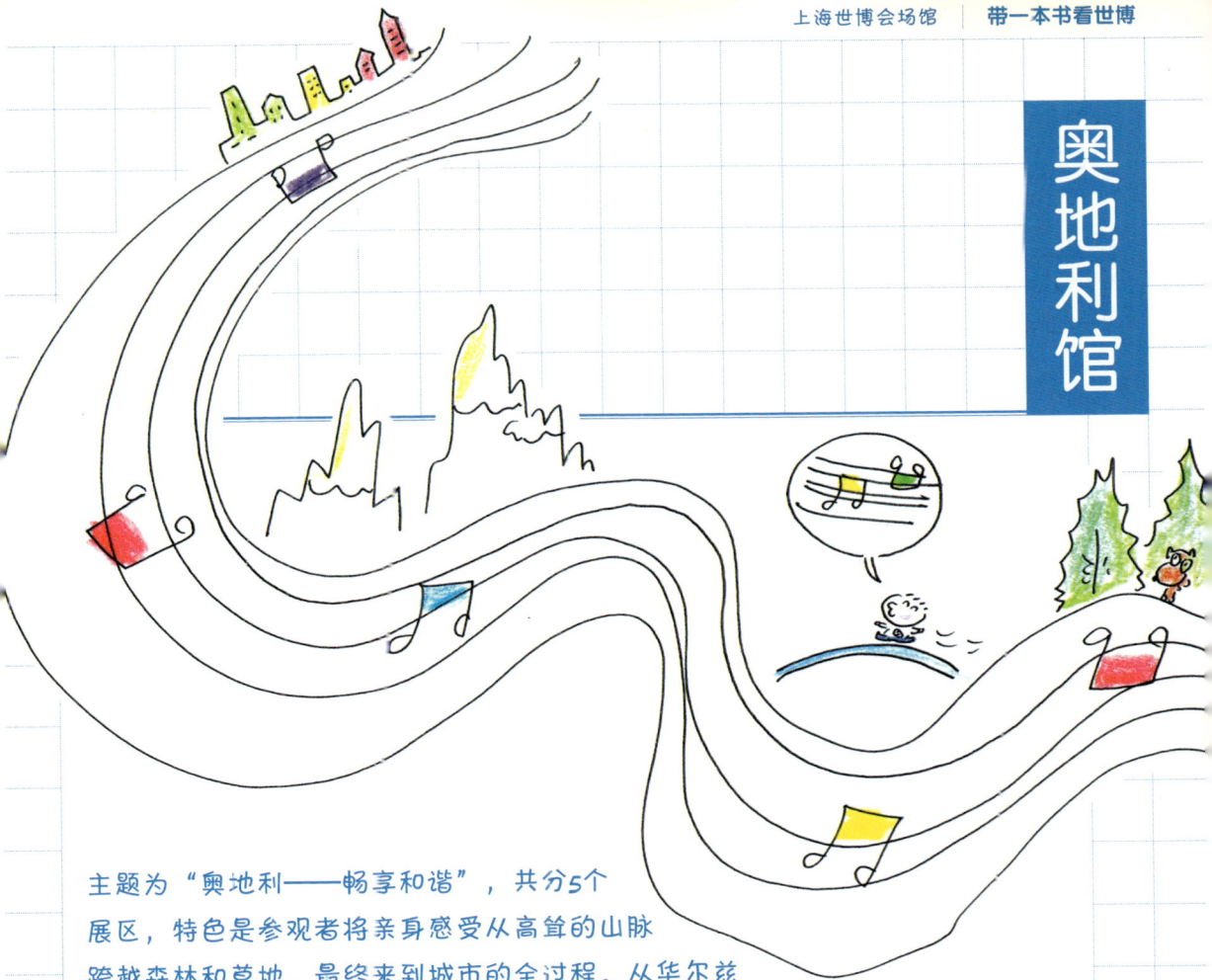

主题为"奥地利——畅享和谐",共分5个展区,特色是参观者将亲身感受从高耸的山脉跨越森林和草地,最终来到城市的全过程。从华尔兹到萨克斯,耳熟能详的美妙音符把"世界音乐之乡"送到参观者的耳畔;经过展馆通道,参观者"来到了"奥地利的维也纳。皇家大桥、维也纳市政厅、超级摩天轮一一呈现,穿过河谷低地,在三分之二国土被东阿尔卑斯山脉所覆盖的奥地利,参观者可以体验到高山滑雪的刺激,同样也可以亲临电闪雷鸣的雪崩。从雪山下来,森林出现在参观者的眼前,奥地利有47.2%的国土被森林覆盖。参观者的最后一站重新回到生活的家园——城市。草地和森林一直延伸到城市中央、人们喝着来自雪山的清泉、在维也纳的森林边郊游野炊、在多瑙河中游泳嬉戏,这惬意的城市生活是奥地利城市与自然和谐的真实写照。莫扎特和施特劳斯会在城市里欢迎参观者,城市交通随着华尔兹的节拍起舞,天花板、墙壁和地板交相辉映,展示着世博会的主题"城市,让生活更美好"。

爱尔兰馆

爱尔兰国家馆由5个长方体展示区组成，它们错落有致地分布于不同层面，并通过倾斜的过道相连，展现爱尔兰不同时代国家和城市的生活特色。进入展馆，参观者们将沿着美丽的"利菲河畔"开始一段城市之旅。旅途中，参观者们能看到由军事建筑改建重修的各式美术馆，以及爱尔兰城市交通的演变。参观者们还将踏上爱尔兰首都——都柏林的第一主干道"欧康纳儿大街"，感受爱尔兰城市的变迁。通过历史的长廊，参观者们能看到爱尔兰城市、空间及人民都市生活的演变，以及爱尔兰人在有效利用城市空间以及在城市可持续发展上做出的努力。爱尔兰国家馆着重展现其经济文化发展所带来的城市空间及人民都市生活的演变，体现爱尔兰在城市化进程中对空间有效利用以及都市可持续发展的理念。

土耳其馆

土耳其·恰塔尔赫于克村新农村建设规划图

世博会的40余座租赁馆，都是方方正正的"火柴盒"。作为其中一员的土耳其馆把自己的外墙装饰成大红颜色的立体"蜂巢"，

显得卓尔不群，喜庆之中透着神秘和深邃。这一独特的设计灵感来自世界上最古老的村落之———距今已有约9000年历史的恰塔尔赫于克。

20多年前，考古学家在土耳其中部的安纳托利亚高原发现了这座古村落遗址。这里的各类建筑如蜂巢一般复杂多样，可容纳上万人居住，宗教建筑、住房、畜圈各得其所，带有明显的规划痕迹，其中一堵墙上的壁画被认定是世界上最早期的规划图。考古显示，在恰塔尔赫于克，人们的社会待遇和地位是一样的，例如男女可得到同等的食物，人们生前住在房屋里，死后同样埋在房屋里。房屋和村落呵护着人的一生一世。"如果把上海世博会的主题'城市，让生活更美好'放在那个遥远的石器时代，恰塔尔赫于克一定是最佳场所"。

非洲

国家馆

非洲（50个）

阿尔及利亚、布隆迪、多哥、厄立特里亚、佛得角、刚果（布）、几内亚、科摩罗、莱索托、马里、毛里塔尼亚、塞舌尔、赤道几内亚、尼日利亚、吉布提、贝宁、中非共和国、科特迪瓦、安哥拉、埃及、坦桑尼亚、塞内加尔、津巴布韦、赞比亚、纳米比亚、苏丹、肯尼亚、摩洛哥、加蓬、喀麦隆、卢旺达、突尼斯、塞拉利昂、马达加斯加、刚果（金）、乌干达、埃塞俄比亚、毛里求斯、尼日尔、莫桑比克、几内亚比绍、利比里亚、乍得、索马里、加纳、博茨瓦纳、南非、利比亚、马拉维、布基纳法索

非洲联合馆外墙面采用国际先进的喷绘贴膜技术，具有环保，对人体无公害，防紫外线，不易退色等优点。非洲联合馆建筑面积达2万6千多平方米，占地规模相当于3个半标准足球场，4个外墙面的面积总和达9500平米，是上海世博会11个联合馆中规模最大的一个。展馆室内净高9米，馆内各国家的所占面积均为250平方米。有42个非洲国家和1个国际组织（非盟）会在非洲联合馆内进行展示。

非洲联合馆

北美洲
国家馆

北美洲（38个）

古巴、加拿大、多米尼克、玻利维亚、美国、哥斯达黎加、危地马拉、特立尼达和多巴哥、阿根廷、乌拉圭、智利、秘鲁、圭亚那、海地、牙买加、苏里南、厄瓜多尔、委内瑞拉、格林纳达、墨西哥、尼加拉瓜、巴西、安提瓜和巴布达、萨尔瓦多、多米尼加、巴巴多斯、巴哈马、巴拿马、巴拉圭、洪都拉斯、佰利兹、圣卢西亚、圣基茨和尼维斯、圣文森特和格林那丁斯。

美国馆

主题"欢庆2030年"的美国馆，展示空间里将由一位美籍华裔青年带领游客徜徉于未来时空，亲身体验2030年的美国城市，让参观者通过感性游历领悟"可持续发展、团队精神、健康生活、奋斗和成就"这四大核心理念。

加拿大馆

占地6000平米的加拿大国家馆的主题为："充满生机的宜居住城市：包容性、可持续发展与创造性"。半包围的外形，在展馆中央圈起一片开放的公共区域，各种精彩的文艺表演将在这里上演。蜚声世界的太阳马戏团将成为这座展馆的主角，为加拿大展馆量身定做一套创造性的内部设计方案。先进的展览技术、引人入胜的展示内容和富有创造性的节目编排，都将成为加拿大馆的亮点。美丽的自然风光和丰富的资源让加拿大人对"可持续发展"尤为重视，因此在建筑上处处都体现了可回收利用的技术。展馆外部的墙体上将覆盖一种特殊的温室绿叶植物；雨水将使用排水系统进行回收并重新利用；展馆内设有大型的展品或物件，以确保展示区域内的空气流通；同时展馆内还将营造一个无障碍和无烟的环境。

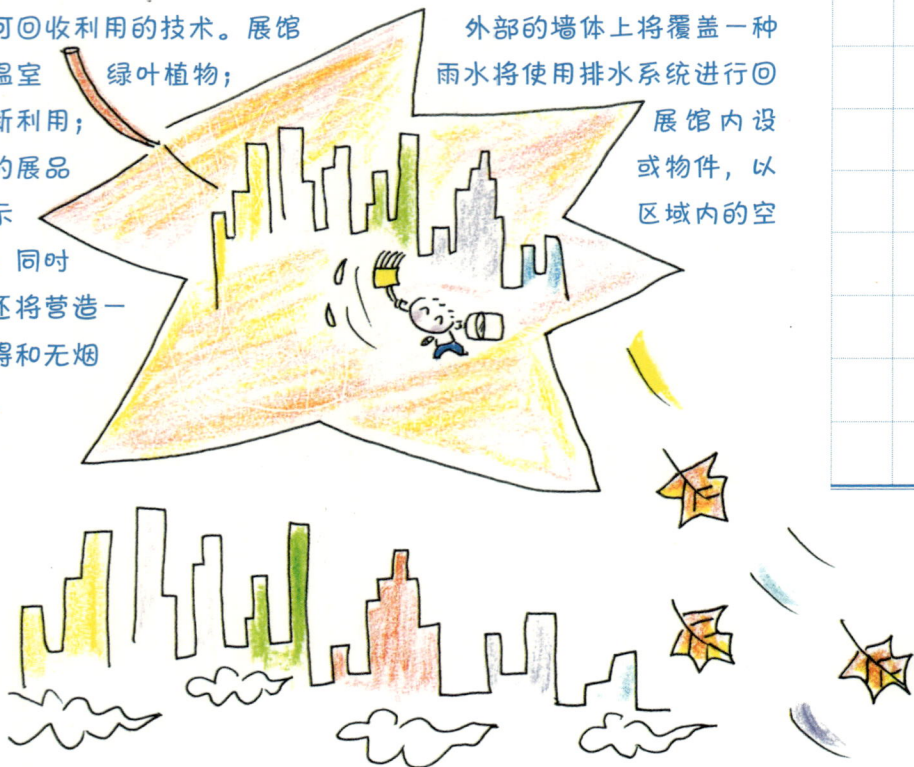

南美洲

国家馆

玻利维亚、阿根廷、乌拉圭、智利、秘鲁、
圭亚那、苏里南、厄瓜多尔、委内瑞拉、
巴西、巴拉圭、

智利馆

2000平方米的智利馆被称为"一座新城
的萌芽"。这是拉丁美洲国家首次在世博会
上建立自己的展馆。政府强调这座展馆将促进中、智两国关系的
发展，目前两国之间的商业贸易合作已经超过170亿美元。

委内瑞拉馆

主题为"美好生活、美丽城市"的委内瑞拉馆，建筑结构源于中国传统中象征好运的8字形，同时也象征着委内瑞拉国旗上新增加的第八颗星。展馆中，既有表现加勒比海岸殖民时期西班牙"城堡"的建筑风格，也有表现现实中成为边缘化屏障的非正规居住区"贫民区"。同时，还有表现土著部落少数民族民居特点的"萨珀诺·亚诺马米和丘鲁阿塔·耶瓜纳"土著部落民居。另外，城市以外的农村和农耕地区也在其中有所展示。

最后，是以中心广场为代表的城市：玻利瓦尔广场至今仍保留着西班牙殖民时期的传统，现在依然是聊天、聚会和漫步的场所。

墨西哥馆

以"传承历史，面向未来，追求更加美好的生活"为主题的上海世博会墨西哥馆占地面积4000平方米，展示了墨西哥的历史、文化和梦想。进入墨西哥馆，参观者就好似开始了一段从史前时代到未来的墨西哥历史旅程。展览的第一部分为"回顾过去"，投影到地板上的三个屏幕将分别反映墨西哥史前城市、殖民地城市和19世纪城市的风貌；第二部分为"了解现状"，第三部分则为"展望未来"。国家馆建筑物正面投影变换表现了多样的墨西哥物种情况：海洋场景中，有加勒比海珊瑚礁、到墨西哥海岸产卵的海龟、从阿拉斯加白令海迁游来的灰鲸等；墨西哥被称为"仙人掌王国"，沙漠场景从沙漠生态系统切入，仙人掌和龙舌兰物种成为此场景中的主角；森林场景展示了罕见的有着迁徙特性的美洲帝王蝶在墨西哥蝴蝶谷聚集地的情况；丛林场景揭示了墨西哥古代文明、神秘的玛雅文化。 墨西哥馆内还设有地道的墨西哥餐厅，让参观者能品尝到精致、传统的墨西哥菜肴；馆内还陈列有传统的墨西哥手工艺品和书籍。

巴西馆

以热带丛林般的绿妆设计以及"动感都市，活力
巴西"的主题，巴西馆将人们带到了多姿多彩的
巴西，感受绿色中无尽的动感和活力。展馆将包括
"城市风光"、"动感都市，活力巴西"和"幸福
巴西"等几大展厅以及一系列主题走廊，将围绕"可持
续发展"展现充满动感的城市生活脉动。巴西馆非常强调互动性，
观众可对一个个由等离子显示屏合围而成的立方体随意翻动，进而观察屏幕
上山川、花鸟、人物的不同方面。人们通过立体、多面的感知，最终对巴西
真实的自然产生丰富的想象。巴西馆内有一个占地170平方米的"城市风情隧
道"——壮观的大型液晶电视墙，通过变化的图像向参观者展示信息技术与
城市发展、文化平等与城市复兴等主题和城市风情。巴西馆将邀请著名球星
到现场，让球迷在展馆内欢呼喝彩，感受来自足球王国的热情。除此以外，
巴西馆还将带来桑巴和热情摇曳的巴萨诺瓦(BOSSA NOVA)音乐。

大洋洲

国家馆

大洋洲（16个）

新西兰、澳大利亚、巴布亚新几内亚、瓦努阿图、
帕劳、汤加、密克罗尼西亚、萨摩亚、斐济、
库克群岛、纽埃、所罗门群岛、图瓦卢、基里巴斯、
马绍尔群岛、瑙鲁

新西兰馆

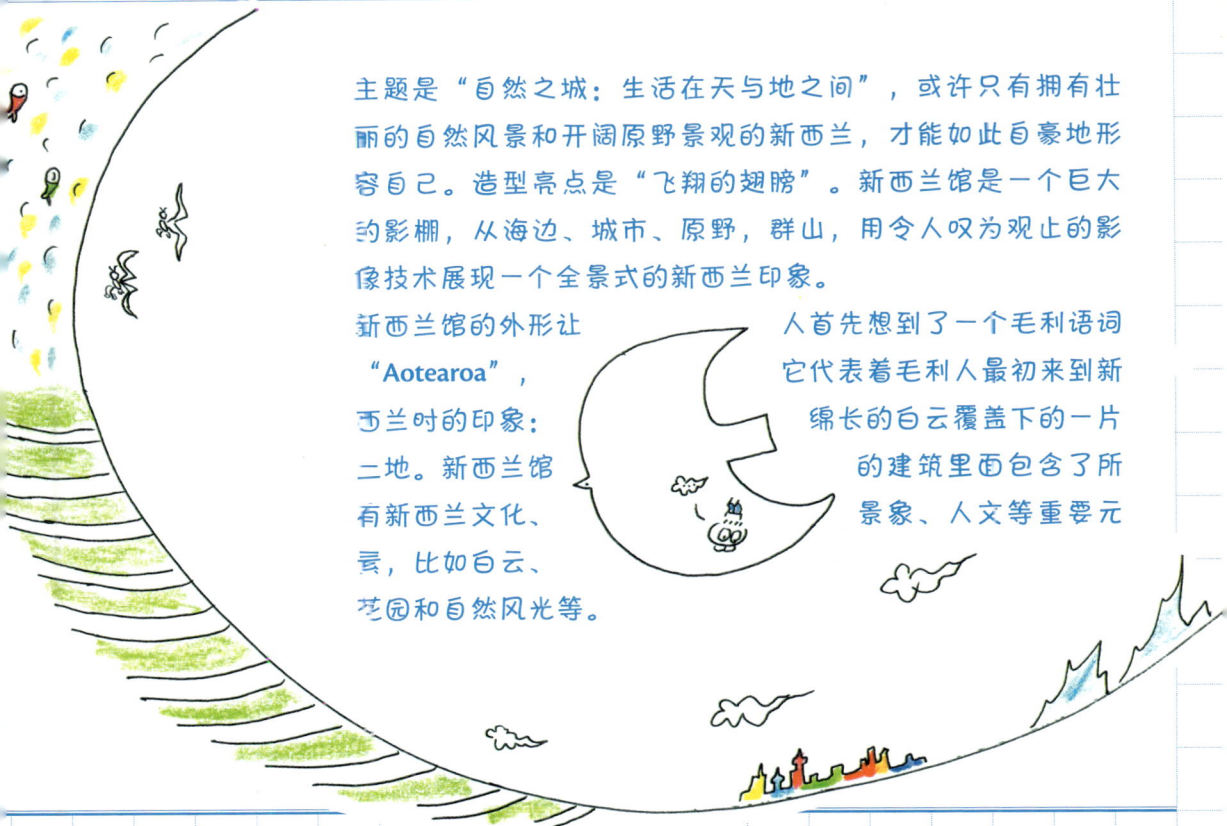

主题是"自然之城：生活在天与地之间"，或许只有拥有壮丽的自然风景和开阔原野景观的新西兰，才能如此自豪地形容自己。造型亮点是"飞翔的翅膀"。新西兰馆是一个巨大的影棚，从海边、城市、原野，群山，用令人叹为观止的影像技术展现一个全景式的新西兰印象。

新西兰馆的外形让人首先想到了一个毛利语词"Aotearoa"，它代表着毛利人最初来到新西兰时的印象：绵长的白云覆盖下的一片土地。新西兰馆的建筑里面包含了所有新西兰文化、景象、人文等重要元素，比如白云、花园和自然风光等。

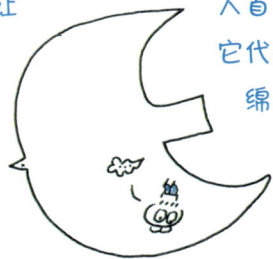

澳大利亚馆

"畅想之洲"的澳大利亚国家馆，占地面积达4800平方米，主题是"战胜挑战：针对城市未来的澳大利亚智能化解决方案"，通过探讨环境保护以及城市化和全球化等人类面临的共同挑战，借助展示澳大利亚自然风光，向参观者呈献"世界上最适宜居住地"澳大利亚如何缔造城市建设和自然环境之间可持续发展的和谐。

太平洋联合馆

主题为"太平洋——城市灵感的源泉",由包括瓦努阿图、巴布亚新几内亚、帕劳、汤加、密克罗尼西亚、萨摩亚、斐济、库克群岛、基里巴斯、所罗门群岛、图瓦卢、马绍尔群岛、瑙鲁、纽埃在内的14个太平洋岛国和南太平洋旅游组织、太平洋岛国论坛这两个国际组织共同参展。展现岛国风光,建筑面积3100平方米。展馆主要展示太平洋岛国独特的自然风貌、深厚的文化底蕴以及人与自然和谐共存的可持续生活方式,为创造更美好的城市生活提供灵感。世博会将拥有第一支从太平洋岛国远帆而来的传统独木舟,该舟为中国而启航,将满载对上海世博会的美好祝愿与谢意,于中国国家馆日当日抵达上海。这将是"太平洋联合馆向这次盛会最朴实的献礼"。

地方馆

澳门馆

"中国馆"中的一个自建馆，主题是"澳门—文化交融，和谐体现"。兔子是和谐相容的象征，机灵通达的化身，是古今中外人们乐于运用的吉祥动物，澳门馆的玉兔外型设计灵感来自于华南地区古时的兔子灯笼外型。如果将上海世博会中国馆比喻成神话中的南天门，那澳门馆就犹如在南天门旁的一只仙兔，与中国馆一起共同迎接世界各方的来宾。澳门馆"玉兔"外层以双层玻璃薄膜为材料，可以不停地更换颜色，而且外墙也是一个荧光屏，可以展示不同的影像。兔子的头部和尾部是一个气球，可以任意上升或下降，以此吸引参观者。"玉兔"内部由一条螺旋形长斜坡组成，在斜坡两旁设有展示器，由地面直达上层平台。这一条螺旋形长斜坡亦是一个舞台。上海世博会期间，来澳门馆的参观者可领到一只小兔子灯笼。参观者们在螺旋形长斜坡上移动，从外头看，点点灯光连接在一起，会形成一副有趣的画面。"玉兔"内部中心还设有一个虚拟影像播放空间，使参观者感受到不一样的体验。顶层则建造一个天幕播放节目，人们可以躺着欣赏电影。

香港馆

香港馆占地约600平方米。香港馆以
"无限城市——香港"为主题，理念来自
香港城市发展的不同层次。凸显香港内通
外连，包括香港与本地和全球的联系，
以及创意无限。最顶层以"与自然的
联系"为主题，展现在香港这个建筑物
稠密的都市蕴藏不少天然资源。香港馆
在完成后，外型优美并富现代感，中层
通透，构成独特的视觉效果，
象征香港和香港人的无限想象
力和创意空间。除兴建
香港馆外，同时参展城市
最佳实践区案例，展示香港
如何透过广泛使用智能卡技术，提高城市生活
效率和素质的。香港同时也参加中国2010年
上海世博会网上世博会项目，在互联网
上构建网上香港展馆和网上城市最佳
实践区香港案例展览，提供互动
平台，令浏览者有亲历其境的体验。

海南馆

主题为"海南·让您的生活更美好"，在600平方米的室内展示空间里，海南馆将集中展示"度假天堂"、"宜居宝岛"、"开放特区"三大特色。展馆共分为风之韵律、浪漫之阶、天堂之岛、深海之趣、活力之林、碧海之情、开放之窗、发展之路8个展区。让参观者进一步了解和体验"阳光、休闲、度假、宜居、长寿、温馨、安全、和谐"的海南。海南馆采用世界一流数字投影科技手段，仙境般的线幕设计使整个馆体外观晶莹透彻，神奇梦幻。置身馆内，身临其境地体验所阐示的主题元素。

贵州馆

开放大气，结构通透，简洁明净。平均高度为7.2米，极端高度达8.5米，展示主题为"醉·美贵州，避暑天堂"。在600平方米的展示面积中，将贵州的自然山水和多元民俗文化巧妙结合，抽取风雨桥、鼓楼、苗寨、银饰和山水瀑布极具贵州特色的视觉元素，高度凝炼贵州人文自然风貌以及"醉·美"和"避暑"的特色。强烈的视觉冲击力和民俗特色，力求使绝大多数不了解贵州或从未踏足过贵州的参观者，也能在第一时间内对贵州馆留下深刻的印象。贵州馆效果图显示，贵州馆共分两层，二楼长长的风雨桥上，苗族姑娘的牛角头饰醒目地镶嵌其中，头饰旁边，小巧精致的鼓楼和风雨桥、牛角头饰相互呼应，一楼不连续的飞瀑让人仿佛置身水雾缭绕、凉爽怡人的世界。

重庆馆

主题为"山地森林城市"，分为五大板块，包括"天生重庆"、"人文重庆"、"奇迹重庆"三个展览展示区以及新能源4D体验、非物质文化遗产和高科技演示两个互动体验区。"天生重庆"呈现了两岸三峡人文景观实体模型浮雕和三峡文物复原工艺品，通道玻璃地台下，白鹤梁地下水纹奇观清晰地展示在面前。走进"人文重庆"，观众可以在以九宫八卦十七门组成的大型场景中观看巴渝市井，在城墙内播放重庆历史影像，观赏老相机幻灯"城市旧影"，感受重庆火锅的麻辣鲜香，通过解放碑复原塑形体验解放碑文化与精神变迁。"奇迹重庆"则通过大型木雕水晶艺术模型展现渝中半岛、江北嘴、化龙桥、弹子石两江四岸未来规划，观众还能体验山地高尔夫虚拟互动等多个项目。

广西壮族自治区馆

600平方米的展示空间里，将围绕"绿色家园，蓝色梦想"主题，集中展示广西"铜鼓、绣球、壮锦、壮歌海洋、漓江风景、龙脊梯田、阳朔西街、红树林、北部湾、海上丝绸之路"的风情和魅力。展馆内将进行仿真歌舞视频情境互动，参观者还能与仿真硅胶人偶现场共舞。

广西馆外立面设计抽象榕树的形象概念，榕树涵养水土，是人们家园的"绿色长城"，传达了对生命之源、自然之美的护持理念。展馆内营造蓝色钻石互动八维光影空间，顶部写真墙波光摇曳，海豚悠游自在，地面反射光影，浑然天成一副海底世界，对应了广西馆主题之———"蓝色梦想"。

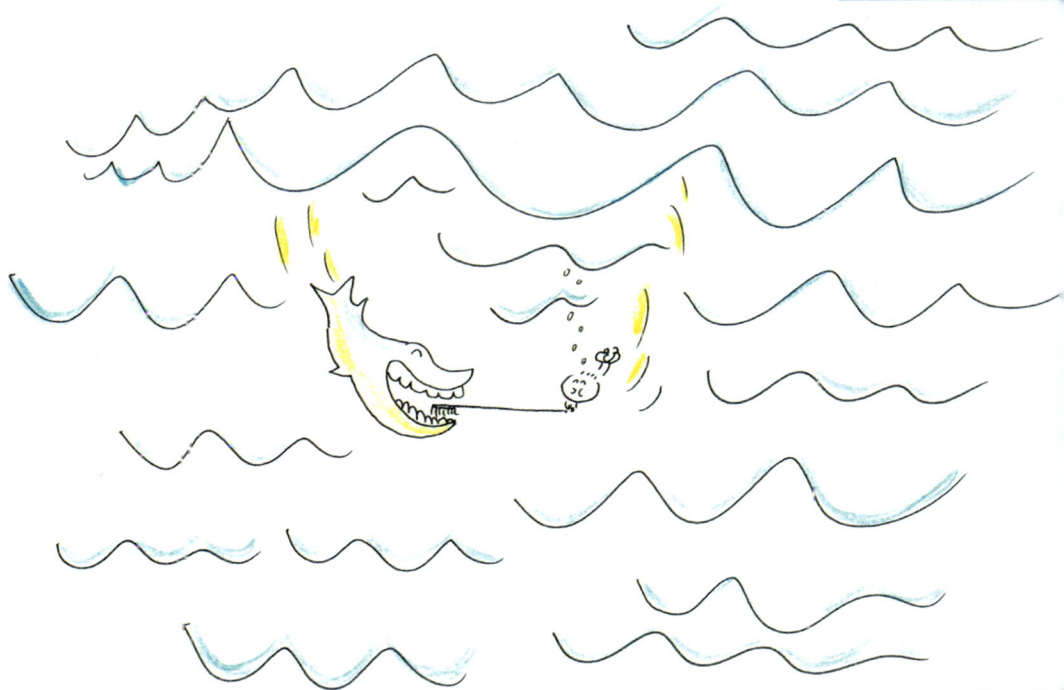

湖南馆

名为"桃花源里",意在用人类的智慧和理性来实现人与自然、人与城市的完美融合。展示将以长、株、潭城市群"两型"社会试验区为背景,演绎未来自然、生态新型都市的构想。湖南馆将采用双"魔比思环"相扣作为展馆的主体造型。取名为"桃花源里·Xanadu",Xanadu英文意为"世外桃源",是西方世界描述神秘仙境最为广泛使用的词汇。湖南馆展示的主题则是"都市桃花源"。

展馆外观之所以采用双"魔比思环"相扣的造型,是因取义无穷大符号"∞"和中国太极,这与和谐自然的中国理想城市意境以及长、株、潭城市群"两型"社会的理念相契合。展馆湖南色彩浓厚,竹、纸、芙蓉花、桃花源、武陵源等湖南元素,以及蔡伦造纸、隆平水稻、白石艺术、毛泽东故事等湖湘人文形象贯穿整个设计。展现湖南人文特点、历史渊源和现代成就,凸显敢为人先、自强不息的湖湘精神。

内蒙古自治区馆

以"城市发展与草原文明"为主题，以自由勇敢、英雄主义、诚信包容的草原文化精神，生态永续、崇尚自然的理念，探寻新的城市化发展模式 给人类社会可持续发展以启迪。展区将以多媒体形式展现草原发展过程，参观者可从中领略美丽的草原风光和内蒙古城市发展的特色。

河北馆

600平方米的河北馆以五个立方体作为承载体，其中三个主题展馆，另两个是附属空间，外层被玻璃幕墙覆盖，通过"熹微的晨光"、"京畿的神韵"、"希望的家园"三个展区，突出阐述河北省与北京的紧密联系，以及河北省独有的魅力。游客由地面上雕刻的成语引导进入河北馆"熹微的晨光"展区，在那里，除了讲述河北省与北京市的历史渊源外，还有互动环节。依次走过去，便是"京畿的神韵"展区。顶上的天幕、地面的互动装置，让游人留恋不已，而外面的走廊空间，则让人仿佛在城市的街道上漫步。第三个展区将通过影片，展现人们对未来的美好憧憬。

河南馆

好功夫!!

主题为"国之中，城之源"，展馆面积为600平方米，造型亮点是充分体现厚重的河南文化元素，分别从"中国之中、城市之源、文明之根、中原崛起"四个方面演绎厚重的河南文化元素。少林功夫表演将精彩亮相世博会。

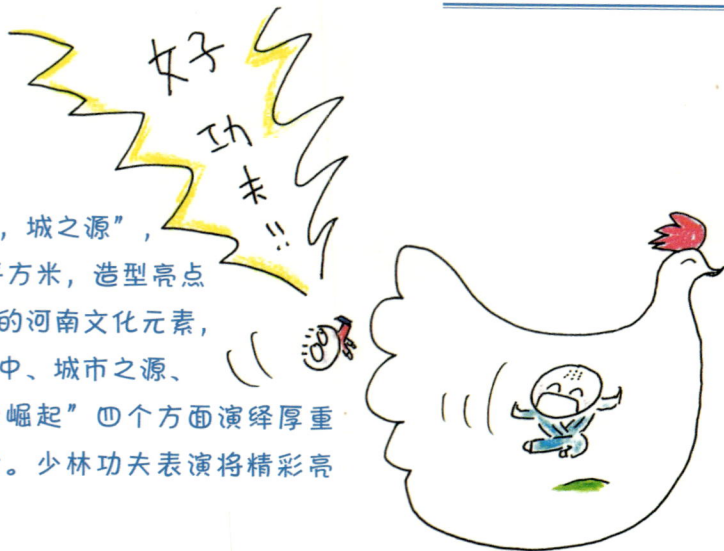

黑龙江馆

以冰雪为主线，展示黑龙江独特的"绿色生态"、"冰雪旅游"和"人文精神"，表现黑龙江人在神奇梦幻般的冰雪城乡中，快乐向上的生活情境。黑龙江展馆以"冰雪，让我们与众不同"为主题，取名为"一座晶莹剔透的梦幻冰城"，将以冰雪为主线，展示黑龙江独特的"绿色生态"、"冰雪旅游"和"人文精神"，表现黑龙江人在神奇梦幻般的冰雪城乡中，快乐向上的生活情境，诠释黑龙江的参展主题"冰雪，让我们与众不同"。

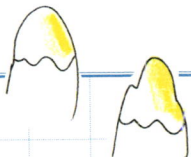

台湾馆

"山水心灯"结合了
中华传统文化的"五行"
观念。天灯的钢架代表
五行的"金"；木制的
祈福台代表五行的"木"；内外环状水池的水，取自日月潭
及太平洋，作为五行的"水"；耀眼发光的LED天灯象征五行的
"火"；台面的地砖以台湾陶土烧制而成，属于五行的"土"。台湾
馆有亮丽的"山水心灯"建筑外观：刻有山棱线的山形建筑体、点灯
水台、巨型玻璃天灯与LED灯心球幕；而以台湾名山棱线作为建筑外
观特色的手法，也将沿用至馆内设计，台湾少数民族文化、高科技研
发成果及现代化城市发展等象征元素将以创意影音多媒体的方式融合
于展馆内，展现台湾的多元风貌。

浙江馆

主题是"幸福城乡，美好家园"。外墙体通过光影技术不断地变换颜色，请雅的江南韵调将整个馆体衬得剔透晶莹，使人仿佛置身于濛濛烟雨和桃红柳绿之中，呼吸着江南独有的山水情意。借用在浙江已有8000年历史的陶瓷文化的温婉和清雅，浙江馆向观众展现了一个内敛、秀美却又充满活力的诗画江南。一只青瓷巨碗，碧流漫溢，水声哗哗。水光中，"西湖揽胜"、"钱塘大潮"、"跨海天路"、"茶香悠远"等十幕景色经由多媒体投射，在巨碗中央逐一轮替。十幕美景过后，青瓷碗中荷叶舒展，荷花盛开，展厅四周墙壁则一片桃红柳绿，细雨霏霏，好一派江南风光！

宁夏馆

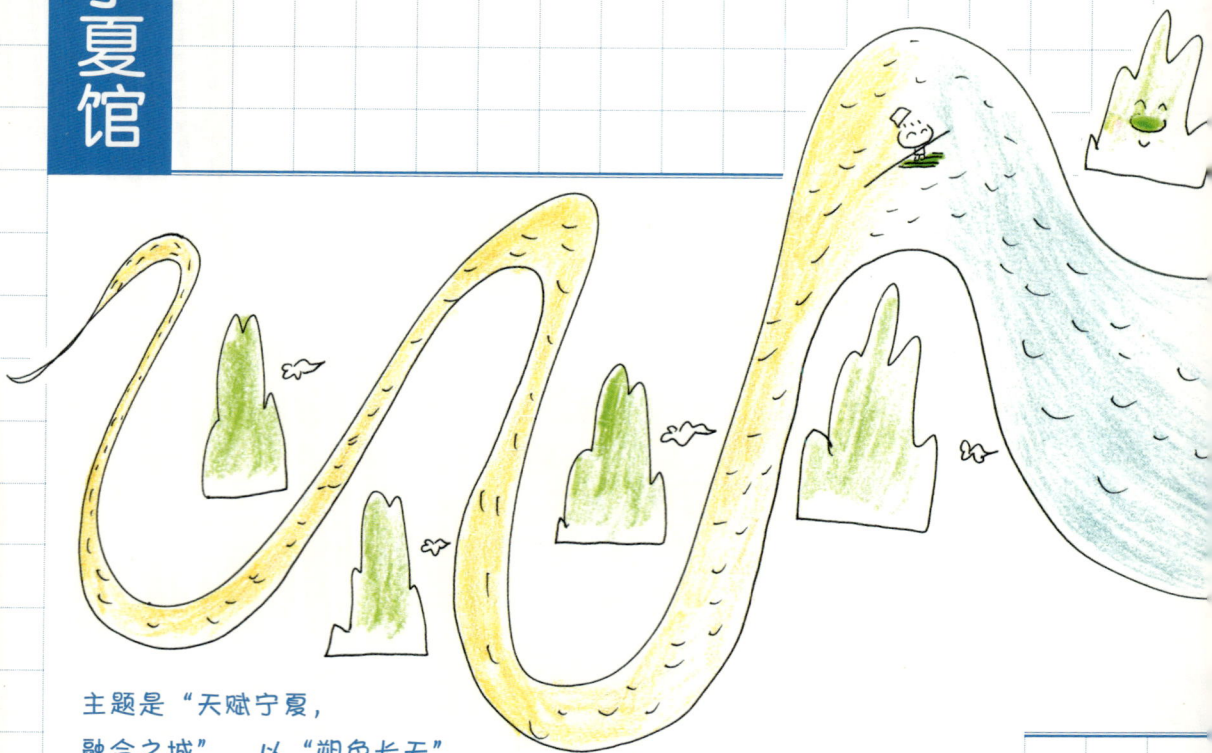

主题是"天赋宁夏，融合之城"。以"朔色长天"、"凤鸣塞上"、"宁静致远"3个单元为主线，充分表现层叠起伏、张力凸显的外观，以表现宁夏山、川、沙、水等多元地理特征。以黄河水为魂，以回族伊斯兰风格为形，以沿黄城市带发展为骨骼，以经济、科技、文化为血肉，展示宁夏城市发展与人民生活变化的过去、现在和将来。以表现山、川、沙、水等多元地理特征为线条，以明快简洁的白色为主色调，在绿色门拱的映衬下，一条发光的玻璃阵形成的黄河，在一架大型流光的黄河水车带动下，将参观者带入宁夏馆。

青海馆

以"中华水塔·三江源"为主题，将是水的世界。青海馆选取长江、黄河、澜沧江三大江河为元素，以昆仑天之极为载体，以圣水瑶池为情感内涵，并以博大、包容为空间概念，勾勒出一个敞开式的展示空间。其世博会的主题为"中华水塔·三江源"，按照这一主题思想，所有的设计方案里都突出了"水"字，也就是说，建成的青海馆内也是水的世界，主体造型由古篆书"源"字演化而来。青海是三江之源，长江、黄河、澜沧江哺育了中下游千千万万的炎黄子孙，也滋润了江河流域大批的城市。

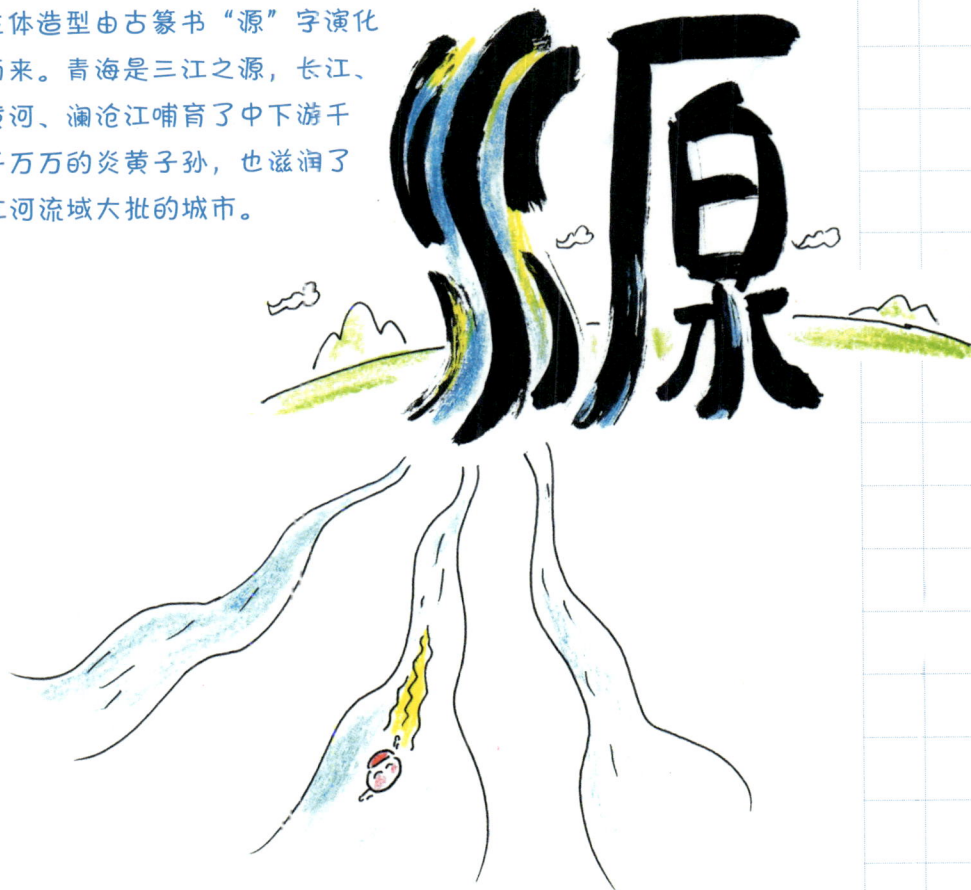

陕西馆

主题为
"人文长安之
旅"。内部展
陈分"千年帝都、千载文华、千里秦岭、千人英姿"四大版块，选取具
有唯一性、典型性和最能体现陕西特色的文化符号，用最具有震撼力的
手段将陕西的历史文化、现代文明和自然山水展示给世界。展馆以"长
恨歌"的人文情感为线，造型亮点突出以金色和红色为主色调的仿唐建
筑，将唐长安城代表宫殿作为展馆中心，配以金色色调凸显气质。主殿
正面以唐代铜镜纹样装饰，内设高仿真机器人，表演"长恨歌"，可与
观众互动。两侧角楼镌字"山水秦岭，人文陕西"，点明展馆两大亮
点。侧面以"人杰地灵，物华天宝"为主题，将"人文陕西之旅"的无
限风光收容于方寸屏幕中。展馆内部以秦岭山为背景，仿"九龙汤"做
出水景，利用LED地屏表现水波质感，并兼作舞台使用。另有大型LED屏
幕，展示陕西优美的自然风光。

展馆其他互动展示内容还有：民俗现场展示表演、合阳提线木偶戏、凤
翔木板年画、华县皮影戏、安塞剪纸、凤翔泥塑、马勺画、农民画、麦
秆画、唐乐舞表演等。

四川馆

主题为"水润天府生命之舟"。场馆特别强调识别性和视觉冲击力，布置成一个无人讲解也能看懂的实体馆。造型亮点为"川字造型立柱"。立体展现飞跃的"太阳神鸟"标识，分别表现四川的文化与水、生态与水、城市与水。与大山大水展墙相呼应、连接二层的展示平台，最大限度地合理利用顶面、地面与二层空间，强调气势与变化。整个展厅采用半通透式的展示结构，以体现四川人包容和开放的胸襟。

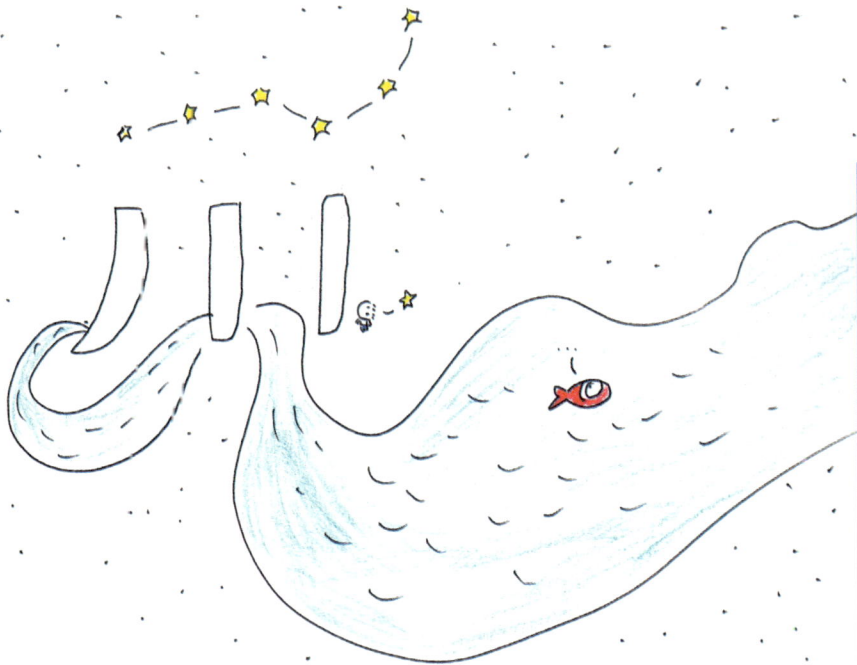

企业展馆

民企联合馆

一个充满活力、灵动的"细胞组合体"，这个极富创意和视觉冲击力的建筑，就是激情书写中国民企"无限活力"与成长历程的上海世博会民营企业联合馆。它位于世博园区浦西段，占地约6000平方米。以"细胞"为创意元素，民企联合馆通过"无限活力"这一主题，象征众多民营企业的无限活力以及蕴藏在其内部的能量。展馆由多个巨型圆柱体排列组合而成，这些圆柱通过完美协调的曲面彼此有机结合，代表多家民营企业的联合出展。上海世博会是彰显民企责任、检阅民企力量、锻造民企品牌、提升民企价值的千载难逢的历史性机遇，参展的国内优秀民营企业希望通过民企联合馆，为参观者奉献一场视觉盛宴并带来全新体验。

位于浦西园区，占地面积约5000平米。场馆的建筑设计和展示设计贯穿了"船舶，让城市更美好"的参展主题，演绎了"龙之脊，景之最"的理念，该展馆对江南造船厂原址的一个厂房进行了重新优化设计和改造，改造后的展馆呈长方形结构，增添了弧线构架，形似船的龙骨，突出船舶馆的企业形象；又形似龙的脊梁，借喻中国民族工业坚强的精神。该展馆还充分利用了地理位置的优势，建筑设计中穿插了别具一格的观景斜廊，为世博会浦西园区创造了绝佳的景观资源。

中国船舶馆建设在江南造船厂原址上，具有特殊的历史意义。140多年前，我国第一家民族工业企业——"江南制造局"就诞生在这里，是中国近代船舶工业发展的一个重要里程碑。

中国船舶馆

太空家园馆

外观以浩瀚的宇宙为背景，仿佛是太空飘来的神秘魔方悬浮在空中，以异型的支柱与地面轻盈连接，形成一种摆脱重力的效果……这就是灵动而富有创意的"太空家园馆"。太空家园馆将围绕"和谐城市，人与太空"的主题，运用互动体验手段，展示中国航天的辉煌成就和电子科技的先进技术。由中国航天科技集团公司、中国航天科工集团公司、中国电子科技集团公司共同筹建的"太空家园馆"，将通过天-地-人的展示脉络，划分为梦想起源、漫步太空、美好家园三个展示区域，为观众展示中国航天人的探索精神，以及航天技术发展应用对人类生活的贡献；并将回归地球的航天技术与电子科技相结合，展现在航天技术和电子技术的引领下，绿色、安全、智能化的未来家园。

信息通信馆

由中国移动和中国电信联手打造，主题是"信息通信，尽情城市梦想"。主体建筑高20米，总建筑面积将达6196平方米。信息通信馆契合了上海世博会"城市，让生活更美好"的主题，在信息通信技术的帮助下，展馆将城市生活梦想的体验全面刷新，创造一幅没有边界的未来信息城市生活画卷。展馆建筑取消所有建筑转角，形成流畅的建筑体形，借助丰富多彩的图像，形似披上了一层幻彩的丝绸外衣，也传达出对信息时代的美好愿景与想象。整体从造型到色彩，从整体到细节着力捕捉信息的流动。就像生物体的所有活动都是基于神经系统传递的生物电信号，信息流也依托信息通信技术成为未来城市"生命活动"体系的神经，在人、物、自然之间，随时、随地、随愿、流畅轻盈的涌动。

上汽
通用汽车馆

以"旋动"——旋转与升腾的动力为题，大自然与汽车工业得以巧妙关联。设计师将汽车造型设计的手法融入整体造型中，使其呈现螺旋升腾之势，看似不断迸发着无穷的能量。流畅的线条、工业的元素，在尽抒非凡的时尚感与未来感的同时，也将汽车的灵动、速度、优雅等气质尽情演绎。

步入展馆内部，等待参观者的是全球首创的尖端视觉与动态体验。穿梭时空、直达2030年，参观者将亲身体验未来的汽车与城市交通系统，畅游于触手可及的美好汽车生活画卷中。在这里，人们对于"汽车"和"道路"的概念将被彻底颠覆；交通阻塞、空气污染和交通事故，也将不复存在。

2010

2020

2030

石油馆

是三家石油公司自建的企业馆。以"石油，延伸城市梦想"为主题，通过奇幻的内容与声、光、电、三维影像等共同打造体验效果，让观众经历一次充满奇幻色彩的时空之旅；在震撼和惊叹中，了解石油及其给人类文明进步和城市发展作出的重要贡献，了解三家石油公司的人文精神、社会责任和未来发展。石油馆采用了PC板材结合LED背景光源作为建筑外表皮，面积达到3600平方米。这是国内首创采用如此大面积的异形PC板材作为建筑外表皮，也是国内首次运用如此大面积的LED背景光源。展馆造型简洁、大气、稳重、极富时代感和行业特色。一根根上下纵横的管道编织在一起，象征着石油石化行业蓬勃向上，持续发展的美好愿景，预示着石油石化行业与未来城市、美好生活密不可分的关系。夜幕下，展馆将呈现出晶莹剔透、七彩动感、美轮美奂、异彩纷呈的光影效果。

中国航空馆

我要飞的更高

占地4000平方米，形状如白云，
一朵洁白如碧的"白云"将渐渐"飘"起，
参观者可在此感受到独具特色的飞行体验。航空馆运用互动、体验手段，精彩展示未来航空科技和航空服务及其给人们生活带来的变化。展馆内将通过现代影像等传播手段，配以不同的声、光、电、气、水等特效，从宽敞的入口大厅开始，就为参观者创造一次真实的飞翔体验。航空馆展馆设计将世博会环保理念融入其中，利用双层屋面构造方法，导入自然空气，形成独特的符合环保要求的生态夹层；同时采用高效节能、环保、安全、舒适的绿色照明体系，创造出声光交织的表演舞台，令上海世博会的夜景更加璀璨悦目。

日本产业馆

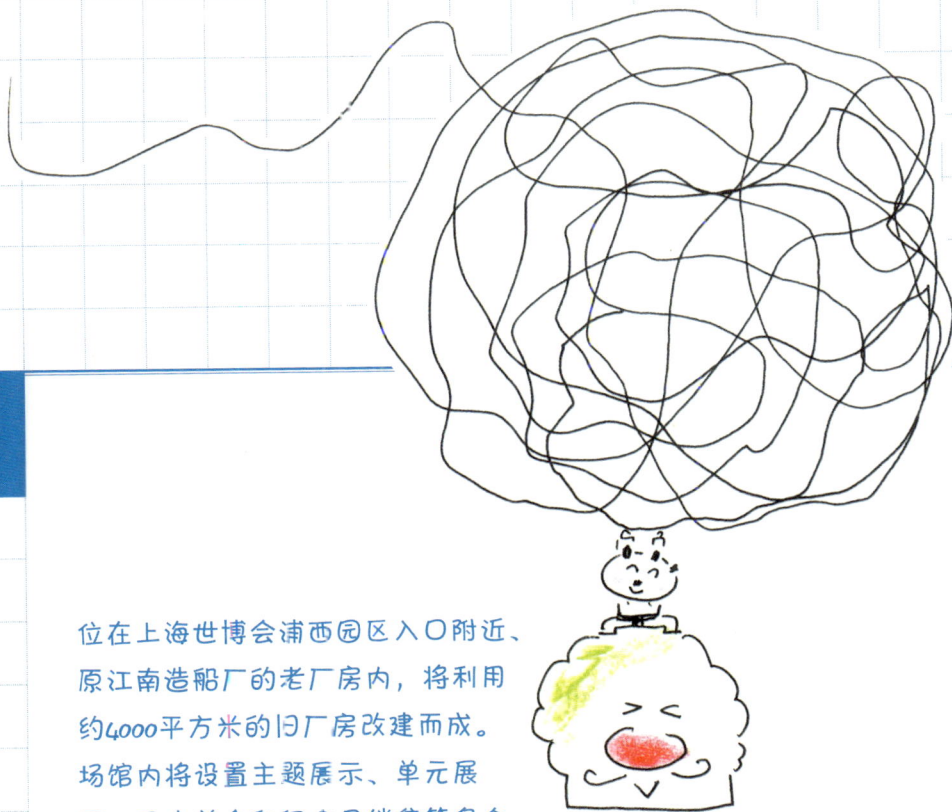

位在上海世博会浦西园区入口附近、原江南造船厂的老厂房内，将利用约4000平方米的旧厂房改建而成。场馆内将设置主题展示、单元展示、日本美食和纪念品销售等多个区域。日本产业馆是由日本企业和部分地方政府以联合参展的方式在上海世博会建立的一个大规模企业馆。日本产业馆将荟萃众多日本国内独具特色的企业，通过展示他们最新的科技成果和环保理念，生动地诠释当今日本的新型价值观和对未来生活方式的畅想和展望。

上海企业联合馆

"魔方"的名字来自企业馆的构造：该馆是
一座融入生态智能技术的"会呼吸的建筑"，
其中的环保设施、梦幻灯光和互动
效果不需要人为控制，会随着不同
的天气、日照和人流自动智能调节，
不断变换。上海企业联合馆将上海最
尖端的产品和创新技术与魔方融
为一体。建筑屋顶上布置了2200
平方米的太阳能集热屏，收集太阳
能生成的95℃热水，通过超低温技术
发电，为魔方的魔幻变化提供清洁能源，
这是目前我国自主研发、全球首创的最新
技术。上海企业联合馆的外围立面材料采用的透明塑料管，是用上
海每年产生的废旧光盘回收再造。展馆场地范围内的雨水还将得到
回收，可作场馆内的日常用水，更可作"喷雾"之用，在建筑立面
上形成丰富多样的喷射图案，令魔方外观呈现多变、飘逸的特点。

震旦馆

主题为"中华玉文化·城市新风格"的独立企业馆。玉器是中国独特的自然材料和生活器物，是世界上唯一绵延六千年的器物文化，记录着中华民族生活风格变迁，中华玉器工艺就是一部文化缩影。从中华文化的角度对世博会"城市，让生活更美好"的主题切入思考，六千年的中华玉文化蕴含着中国人独特的，思想、生活、器物三位一体的有机文化系统。震旦馆的展馆形态和主题是希望传达城市发展中重要的人文基因，表达城市是人创造的，有生产者和消费者，玉器恰如城市，也是人创造的，有治玉者和用玉者。通过向全世界展示中华玉文化与城市生活的美好关系，可以进一步发展玉文化的形纹创新应用，让古典文饰与现代生活结合，提升现代文化生活质量，并带动两岸的文化创意产业，表达企业对社会的文化责任，以及企业对城市的生活梦想。

国家电网企业馆

建筑外观设计充分体现了"创新点亮梦想"的主题。整个展馆由覆满网格的两侧建筑支撑起一个光影幻动、流光异彩的透明晶体"能量块"。"悬浮能量块"下方是专为世博会园区和所有场馆供电的高新技术变电站，被誉为上海世博会"能量之心"。"环保、节能、亲民"是国家电网企业馆的设计理念。展馆表面布满了各种圆形的穿孔，能满足部分区域的自然采光需求；展馆外墙附有太阳能集热板，通过一个被称为"向日葵"的12镜太阳光采光导入系统，为地下室和VIP接待区提供照明；建筑屋顶是生机勃勃的屋顶绿化系统；而建筑内部的通道，更是巧妙地利用了上海的夏季风向，形成了一条"捕捉夏风"的S形节能清凉走廊。

占地面积2553平方米的七座形似金灿灿麦垛的建筑，巍然矗立在浦江西畔，落落大方地展示着生命的健康与旺盛。这就是主题为"尊重的可能"的万科馆的整体造型。展馆以天然麦秸板为建筑材料，由七个相互独立的筒状建筑组成，各筒之间通过顶部的蓝色透光ETFE膜连成一体。超过1000平方米的开放水域环绕着七个圆筒，水面映照天空，让参观者感受到与自然亲近的愉悦。

万科馆被命名为"2049"，2049年也是新中国成立100周年的年份，这个馆名将加深公众对未来的关注。2049年既意味着一个人的未来，也意味着一个城市、一个国家甚至整个地球的未来。同时，它还象征通往未来的一段旅程，其中蕴含着无限可能。

韩国企业联合馆

以韩国贸易协会为主体，12家韩国知名企业共同参加，韩国企业联合馆将通过多彩的展示物和影像表现倡导环保节能、有效利用资源的韩国绿色IT技术，体现韩中两国企业"携手共创美好明天"的核心概念。韩国传统舞蹈动作和象帽舞是韩国企业联合馆的创意灵感来源。如水波般环绕整个建筑物的展馆外立面，体现了人与自然环境、城市文明之间相互依存、发展的关系。在夜晚，展馆将分别呈现出红、黄、蓝、白、绿五种颜色，以体现东方传统的五行概念。

风吹雨打
都不怕..

中国人保展馆

位于浦西D片区五号地块，南临黄浦江，紧靠世博轴，面积约880平方米。是一座均高7.5米的前高后低单层建筑展馆，色彩绚丽，恢弘大气。外观运用"PICC"公司标识的红色和白色，和谐搭配世博标识的绿色，突出"PICC，让世博更精彩"的庄严承诺。内部装饰运用声、光、电和多媒体技术，全方位地展示中国人保的辉煌成就、品牌形象和文化理念，并配备功能齐全的视觉、听觉、触觉等高科技手段，让参观体验者获得互动的乐趣和享受。

思科馆

2020

思科公司是全球领先的网络通信领域供应商和网络经济的领导者。思科馆将通过智能互联解决方案体验区及思科"2020年城市"模型，来演绎其在交通、能源、建筑、教育及医疗等方面的主题理念，让人感受网络科技带来的创新体验。参观者通过展馆内的技术展示，体验面向未来的"智能+互联生活"，感知思科智能互联技术对于世博会愿景的全方位阐释。

国际组织馆

国际组织（48个）

独联体执委会、联合国生物多样性公约组织、世界旅游组织、联合国工发组织、世界银行、联合国、世界水理事会、联合国气候变化框架公约、阿拉伯国家联盟、经济合作与发展组织、国际红十字会与红新月会联合会、非洲联盟、世界气象组织、南太旅游组织、联合国教科文组织、太平洋岛国论坛、世界贸易中心协会、博鳌亚洲论坛、加勒比共同体、加勒比开发银行、联合国儿童基金会、世界自然基金会、联合国人口基金、东南非共同市场、联合国难民署、国际电信联盟、国际信息发展网、法语国家商务论坛、全球环境基金、世界卫生组织、国际能源署、联合国人居署、联合国贸易和发展会议、世界城市和地方政府联合组织、东南亚国家联盟、欧洲气象卫星应用组织、地球观测组织、联合国粮农组织、国际原子能机构、国际海事组织、联合国艾滋病规划署、联合国资本开发基金会、联合国环境规划署、世界知识产权组织、公共交通国际联会、欧盟、国际博物馆协会、国际竹藤组织。

世界气象馆

这是气象主题第一次直接独立参展世界博览会，也是世博会157年历史上出现的首个独立气象展馆。建筑呈现一团云雾的效果。其外部采用亮白色膜结构，膜布上均匀布满喷雾点，当喷雾全部开启时，整个建筑呈现一团云雾，如果阳光高度角小于42度，在中间步行广场上的观展游客，面向气象馆 还可能看到包围建筑的彩虹。

国际红十字
与红新月馆

展示主题是"生命无价，人道无界"，外观特征为"入口处设计成救灾帐篷造型"。国际红十字与红新月馆的第一展区主题是"黑色记忆"。该展区是一个狭长的"时空长廊"，主色调为黑色，营造出战争与灾难阴影下的压抑气氛。在长廊的右侧，将通过原子镜面幕墙后的数码显示屏，回顾从1859年索尔弗里诺战役至今人类所遭遇的重大战争与灾难。"时空长廊"终点设有一面高科技"气雾幕墙"，在气雾组成的幕墙上，投影出逼真的、以期盼和希望为主题的画面，表现人类在历经战争与灾难磨难的洗礼后，对于美好生活的祈愿。观众将自由地穿过"气雾幕墙"，寓意着穿越战争与灾难所带来的黑暗，迎接人道的光芒。

天圆地方

世界贸易中心协会馆

建筑面积达2000平方米，设计灵感主要来自中国哲学的"天圆地方"和"八卦"。展览馆的中央设计成圆型的展览厅，而内部正方形的四个角落则分别设为贵宾接待室、展示区、纪念品店及餐饮区。展览馆的整体设计简洁大方，尽显现代科技感，建馆的材料皆经过精心挑选，利用灯光创造别出心裁的图案，营造宾至如归的气氛。

世界贸易中心协会馆的展示主题为"贸易促进和平与稳定"，展览馆有常设展览，分别介绍协会历史、世界各地的世界贸易中心的设备和服务，以及即将开展的项目，解释世界贸易中心通过加强贸易构成的强大网络，促进世界和平与稳定。此外，作为民间贸易组织展馆，还将以"环保"、"资讯科技"、"时尚"等主题，围绕着衣、食、住、行四大基本生活需要而举办一系列精彩活动，包括展览、交流会、主题演讲及论坛。

城市

最佳实践区

瑞士巴塞尔、日内瓦和苏黎世共同城市馆

360°全景宽银幕高近4米，使整个瑞士城市馆呈现出别具一格的外观和外形。它采用环形银幕形式，利用一个特殊的水幕电影构造，在短短的8分钟时间内，将瑞士三大城市——巴塞尔、日内瓦和苏黎世的景观展示在参观者的眼前。水幕电影实行全天24小时循环放映，参观者在数分钟之内，就可以将瑞士三大城市"尽收眼底"。在这里，参观者将宛如置身于妙不可言的当地水景中，体验到优质城市生活的真谛——而这正是这三大城市不断投资于水资源管理和公众共同精心保护水资源所带来的丰硕成果。在观看全景电影的同时，参观者还可听到专为该馆制作的雄壮的乐曲，令参观者为之精神一振。

城市馆以"改善水质——让城市生活更美好"为主题，三个城市将向全球观众展示可持续水管理方面投资为提高生活质量所做出的贡献。

利物浦历史遗产保护与再利用

利物浦拥有世界上最大的和最完整的历史港口。近年来，利物浦当局意识到了利物浦历史性的滨水设施与其他城市不同且比其他城市更具优越性，如能通过保留和加强这一地区的文化遗产并加以系统的保护和利用，就能使之成为城市再生的基础。在与私人开发商与公共团体的合作中，很多历史建筑被保护并被重新利用了。将通过900平方米内外展区来展示利物浦案例。外部区域将展示利物浦世界遗产遗址的模型，在周边用液晶电视展示利物浦的文化、历史、商业和历史建筑。内部区域为虚拟生活体验区，使游客可以通过模拟现实来体验利物浦以前和现在的历史建筑和环境。

台北案例
展现台北的科技、文化和生活

台北案例展区将以双剧场概念设计，通过一场细腻、生动的视觉盛宴，表现台北这一科技发展卓越、同时兼具多元文化特质与生活品质的国际化都市。第一个主题区为"101"360度3D立体剧场，通过结合3D立体影音多媒体与360度环幕剧场的舞台灯光，使游客置身其中时犹如在台北101大楼内搭电梯，奇幻的视觉之旅将让参观者进入虚拟实境的台北，体验各种场景与市民生活。另一个主题区是未来剧场，参观者可以在金字塔玻璃围幕内看到一座兼具未来与时尚感的台北城市模型，并通过结合特殊影像投影技术在金字塔内观赏影片，体验台北未来美好的生活面貌。

最后一个展区是互动体验区，将以触摸式互动体验、影片呈现等方式，增加参观者对台北市的认识及了解。

天人合一

人水相依

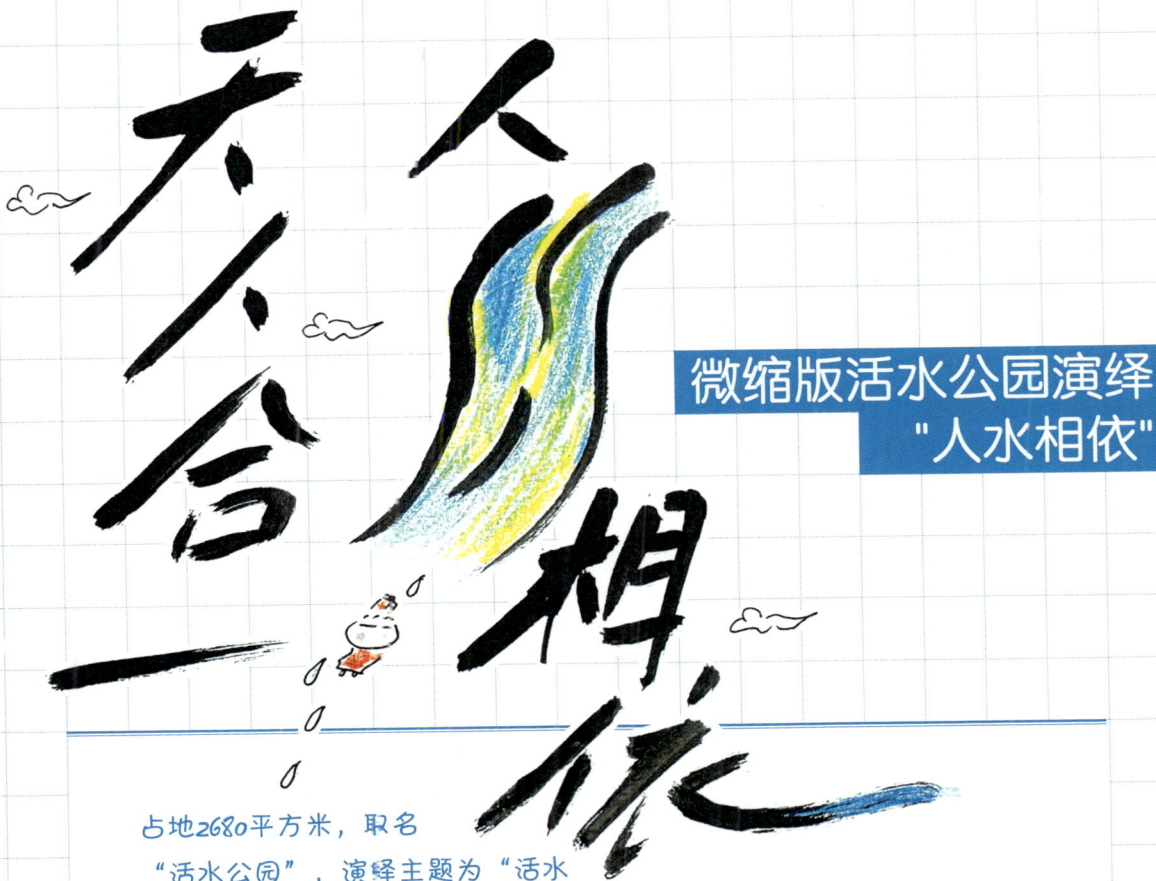

微缩版活水公园演绎
"人水相依"

占地2680平方米，取名"活水公园"，演绎主题为"活水文化，让生活更美好"。该案例是微缩版的成都活水公园，其原型是世界上第一座以水为主题的城市生态环境公园。案例设计理念秉承"天人合一"的东方哲学和"人水相依"的生态理念，将社区和公共空间的雨（污）水进行有效收集，通过对生物自洁功能的发掘，进行水的处理和循环利用，营造园林景观和公共空间与周边环境的和谐相融，启迪人们对水的珍惜和对污水文化的理解。

活水公园案例取鱼水难分的象征意义，将鱼形剖面图融入公园总体造型，喻示人类、水与自然的依存关系。微缩版活水公园的建成，将最大限度凸显成都"林水相依、天人合一、城乡统筹、和谐发展"的现状，展示成都"宜居、宜游、宜投资"的城市特色。

伦敦案例
邀你体验6种不同的
零碳生活方式

零碳馆建筑面积为2500平米，包括零碳报告厅、零碳餐厅、零碳展示厅和6套零碳样板房。样板房内将展示通过征集得到的具有环保效用的建筑和室内装潢材料，包括家具、门窗、电器、内饰等；由6位室内设计师设计的未来、田园等6种不同风格的零碳屋，让参观者体验6种不同的生活方式。

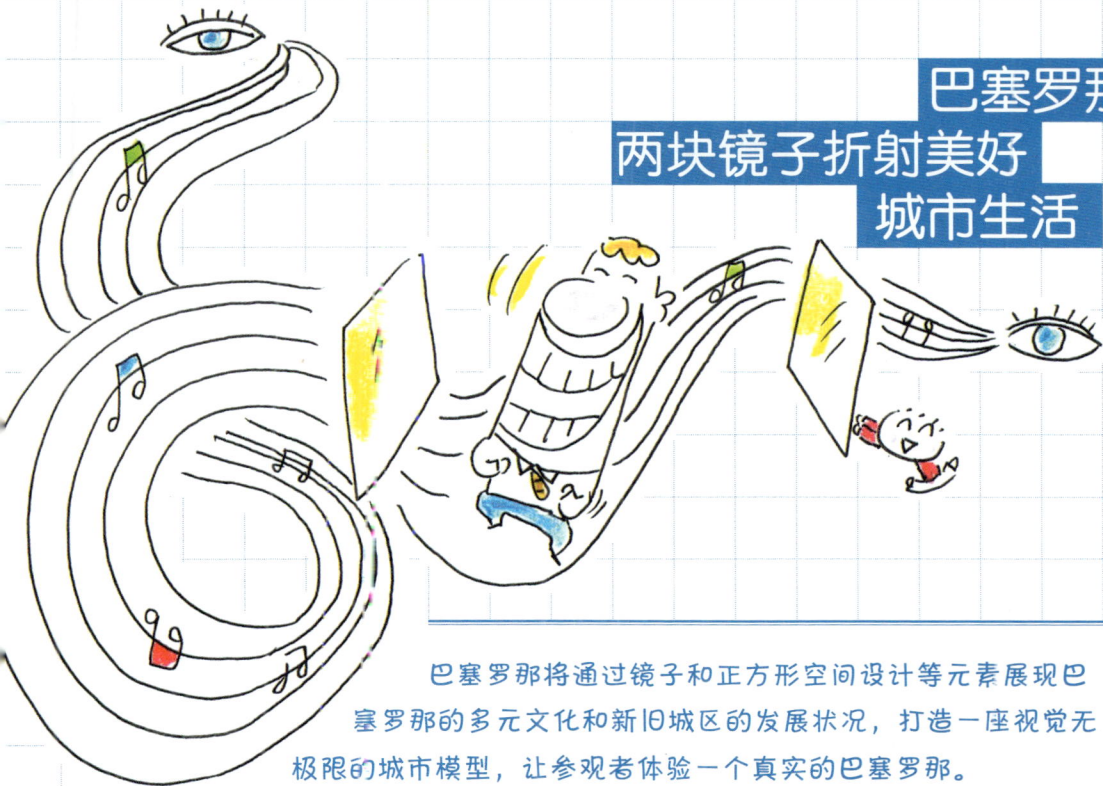

巴塞罗那
两块镜子折射美好
城市生活

巴塞罗那将通过镜子和正方形空间设计等元素展现巴塞罗那的多元文化和新旧城区的发展状况，打造一座视觉无极限的城市模型，让参观者体验一个真实的巴塞罗那。

巴塞罗那展馆的设计独特，富有无限的想象空间，两块巨大的相对而立的镜子作为基础元素出现在馆中，通过这两块镜子折射出的映像，人们将看到巴塞罗那的城市生活、房屋建筑和文化形态。巴塞罗那馆被分割成五个空间，每一个空间的外墙都将通过多媒体技术将巴塞罗那城市生活的方方面面投影到镜子上，还原巴塞罗那的城市风貌。巴塞罗那不大，但通过镜子呈现的千万个映像使参观者感受到无限的视觉效果，同时每个小空间内的展品将展现巴塞罗那的建筑设计和城市发展状况。展馆内还设有一块公共区域，在那里，有来自巴塞罗那的厨师现场烹饪美食，来自巴塞罗那的著名歌手登台表演，而镜子中呈现的内容将根据这些不同的主题进行变化。

展现城市化的现代乡村
"宁波滕头馆"

宁波 "中国滕头'城市化与生态和谐'实践——全球生态500佳和世界十佳和谐乡村路径"案例和上海世博会的主题非常吻合。宁波滕头馆位于上海世博会城市最佳实践区北部,与西安大明宫展馆和沙特麦加馆为邻,系两层独立建筑,总用地面积1150平方米,将充分展示宁波滕头村在人与自然和谐相处、生态、水处理和环境服务等方面的突出成就,彰显中国江南城镇的韵味,展现现代宁波的风采,为参观者带来全方位的感官享受。

宁波滕头村是全球生态500佳和世界十佳和谐乡村,以环境、和谐为主题的城市化乡村创建,是对国际化城市乡村发展规律的探索以及对人类新型存在空间、活动关系及环境形态的创造。滕头村的"生态理想化、生态资源化、生态生活化、生态产业化"发展战略,营造了"村在景中、景在城中"的生活模式,成功走出了"以生态促旅游,以旅游养生态"的特色经济发展路径,是中国乡村城市化的代表之一。

杭州 "五水共导" 案例

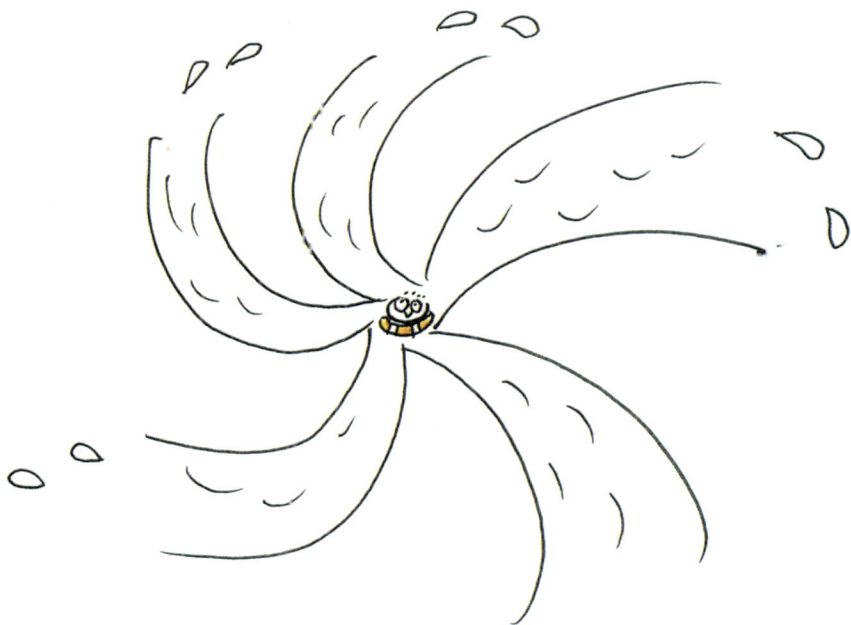

杭州 "五水共导" 参展案例
展示了一个城市通过人类智慧
消解生态危机的种种努力，诠释
天、地、人三者间的古老生命命题，彰显在科学发展观引领下城市建
设所取得的巨大成就。杭州是一座江、湖、河、海、溪五水并存的城
市，水是杭州的根和魂。数十年来，杭州市以江、湖、河、海、溪
"五水共导" 为治水理念，通过实施综合保护、西溪湿地综合保护、
运河综合保护、河道有机更新、钱塘江水系生态保护等系统工程，营
造了 "水清、河畅、岸绿、景美" 的亲水型 "宜居城市"。

博洛尼亚的文化创意产业发展和社会包容政策

在博洛尼亚展馆里，塔楼、柱廊、大学、广场，这些博洛尼亚最鲜明的元素，都被集中在面积只有406平方米的小小展厅里，观众可以体会骑车穿行在青石板路上的感觉，这座广场被认为是意大利最美丽的广场之一。博洛尼亚馆展示的主题围绕文化创意产业和社会包容政策，场馆运用了大量短片、电影，为参观者呈现"全方位浸入式的感官体验"。馆内集中展示体现这座城市在4个方面的特色：文化和创造力、技术创新能力、人权保护和社会包容以及基础设施的改建。

"西安大明宫" 案例

唐大明宫是唐朝的政治中心，是举世闻名的唐长安城"三大内"（太极宫、大明宫、兴庆宫）中最为雄伟壮丽的建筑群，距今已有1300多年的历史。项目建成后将成为西安市最具活力、最具人文特征的城市新区。展出的大明宫展馆依照大明宫主殿——含元殿西翼的栖凤阁为蓝本，以唐代阙楼建筑艺术的代表"三出阙"形式为设计思路，以唐栖凤阁1：1比例

复原实体，外形古朴雄浑。同时，在新技术、新结构、新材料的运用下，大明宫馆区将被打造成一个全新功能现代化展馆。大明宫展馆内的三维立体电影将带领参观者展开一段奇幻旅程，从唐朝大明宫开始，飞跃千年来到未来的大明宫国家遗址公园。参观者或上天或入地，随着节奏与镜头一起穿梭时空，见证唐朝大明宫的辉煌，感受未来遗址公园的精彩。在实物展示区内，参观者还可以通过高科技背投触摸系统切身感受到大明宫出土文物千年前的形态。

香港案例展示方案

香港案例名称为"智能卡、
智能城市、智能生活",属于
宜居家园领域。展览将会透过展示
香港市民日常的都市生活,介绍智能卡在香港使用的各项付款及非付款用
途,让参观人士感受香港多姿多采的大都会生活。

香港案例展览结构高6米,占地约530平方米。展览结构的光滑外墙会显示
动画影像,影像随着参观人流的模式而转变。每个影像点,代表着一名进
入展览场地或浏览网上展览的参观者。参观者进入展览后,便仿如置身于
充满动感的影片当中。

这套影片以印象方式表达香港的对比,并且会与展览内的参观人数及人流
互动。当参观者移向展览的另一边,便会发现不同的数码人像剪影,它们
代表香港人的多元性及活力。参观者走近时,剪影便会变成虚拟导赏,向
参观者介绍香港的智能卡。参观者可以选择跟随导赏,走过平常的一天,
探索智能卡在日常生活中的用途。

麦加案例
帐篷生活新概念

"帐篷城米纳"位于圣城麦加附近一个陡峭的山谷里，是迄今为止世界上最大的帐篷城，是世界上人口密度最高的地方之一，这对于住所、环境、基础设施以及人流控制等都形成巨大挑战。为应对挑战，麦加采用新型材料代替传统棉布帐篷，建设世界上最大的蓄水池，配备先进的防火防洪系统和成熟的泥石流预防系统，整合高效的公共交通解决方案，并升级改造桥梁和广场，确保提供和谐的生活环境。

最佳实践区内的帐篷城占地面积。位于城市最佳实践区北部模拟街区内约1000平方米将按1：1的比例对原型进行复制。进入展馆内的标准居住模块，观众不仅可以看到帐篷城的总体模型，还能通过墙上的全景屏幕欣赏纪录短片。

在展馆内，观众将领略世界上最大的人工蓄水池的独特风貌，详细了解保护帐篷城免受泥石流和洪灾损害的先进工程。

澳门
"德成按" 案例

澳门德成按建于1917年，原为澳门富商高可宁的物业，曾经是澳门最大的当铺。其格局无论外形建筑设计，内部陈设的安排及典当记录的工具和程序等，均按当时中国当铺的基本方式而设置。2001年，澳门为保存澳门历史文化，将这座私人产业复原，建成"文化会馆"和"典当博物馆"，其中内摆放了40多件物品、票、当簿、竹牌等各种十足的"遮丑板"都观者仿如走进了昔日的是澳门第一个由政府与民间合作建成的行业博物馆。"典当博物馆"从各种印章、当工具到传统风味一应俱全，让参澳门老当铺。它

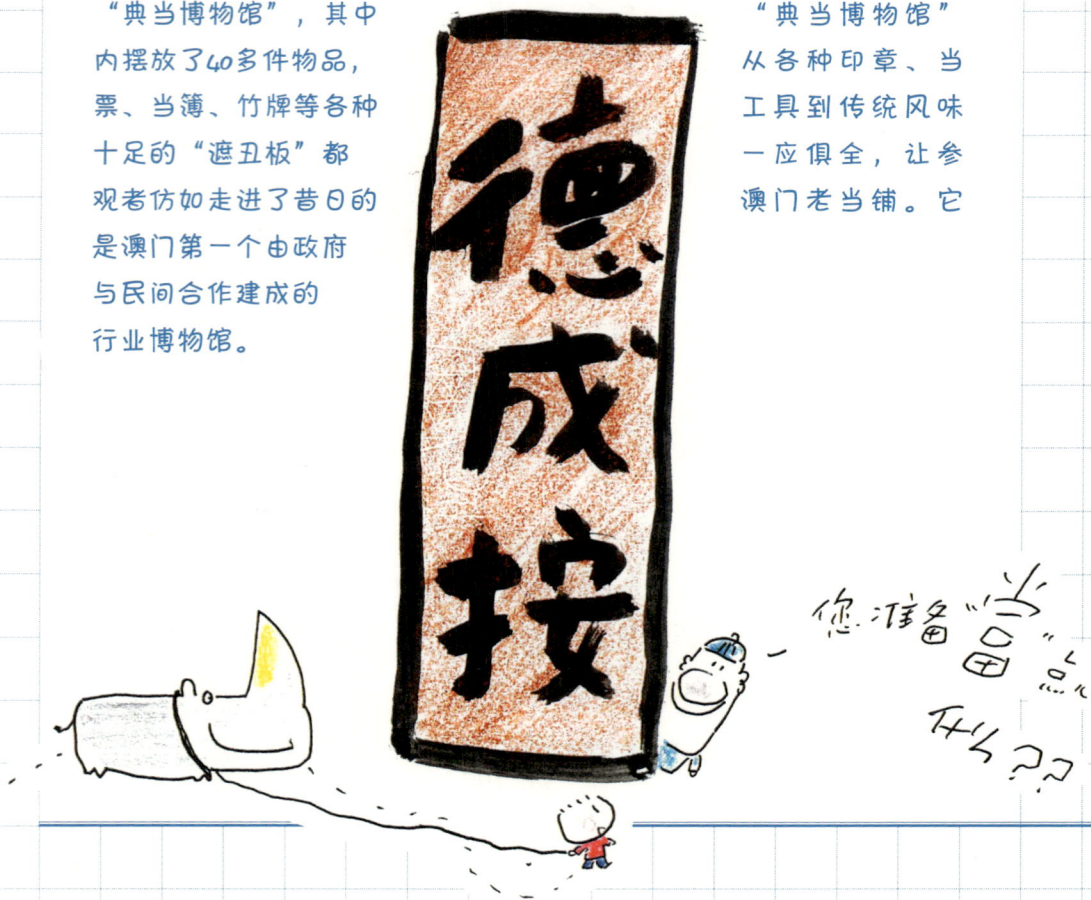

冬暖夏凉…

"汉堡之家"通过一系列可再生能源如太阳能的使用，实现建筑能源供应的自给自足和零废气排放，结合上海的气候特点，创造出相对隔离的空间，无需采用任何取暖设备或空调就能保持舒适的室内温度和环境，做到冬天保暖，夏天降温。

"汉堡之家"将兼具办公和居住两种功用，汉堡市希望通过展现汉堡这一港口城市的节能建筑，结合上海世博会"城市，让生活更美好"的主题，传递建筑提高生活质量的理念，交流展示该市的环保成就和在气候保护方面所做的努力。建造生态型建筑的成本会比传统建筑略高，但着眼于未来，这类建筑应被开发建设，大城市应在节能环保和控制温室效应方面做出努力。

日本大阪案例

"环境先进城市·水都大阪的挑战"属于宜居家园领域的展馆展示案例。将在城市最佳实践区中区B4-1展馆内展示。大阪案例模仿"清明上河图"的空间设计，以"大阪上河图"的形式进行空间设计，围绕水的主题，就其所实施的环境共生型的城建理念，通过大屏幕影像及图片等方式进行介绍和说明，并向参观者展示至今为止大阪企业所研发的实现舒适生活的创新技术。

不来梅案例

不来梅案例属于可持续城市化领域，主题为"从知识到创新：城市交通解决方案和未来的实验室"，案例将位于城市最佳实践区中部展馆B2展馆内。不来梅方面将通过"租车项目"和对未来流动性的课题的探索和思考两方面内容来演绎其参展主题。其中，"租车项目"作为欧洲此类项目的先行者，更是为当今城市的可持续发展提供了宝贵的经验。

马德里竹屋和生态气候树

两座特有的建筑仿制品：
竹屋和生态气候树。"竹屋"
的原型是马德里南部的一片居民
廉租房建筑,其外部被一层竹皮包裹,能起到遮阳、防晒、保温、除噪的作用。"生态气候树"则是马德里生态大道上的三座树状展馆之一,"树"上安装有自动开启的百叶窗和直径7米的引风机,通风功能强大,"树"顶安装有太阳能电池板,可实现内部能源自给。

"24小时太阳报" 新总部办公楼

展示领域:建成环境的科技创新

意大利"米兰24小时太阳报"新总部办公楼，可持续生态建筑范例。

建筑长160米，高度6层，占地28000平方米。该建筑创新之处集中体现在大量采用可持续性的材料、技术和工艺。建筑外墙大面积采用自重轻、高透明、防震的滤膜双层玻璃，夜晚时整个建筑灯火通明，如同一盏"魔幻灯笼"。建筑窗户外部是一套可以根据数百个内部或外部感应器由计算机软件自动控制开关的卷帘系统，以此通过夏日遮光和冬日采光来达到节能的效果。建筑外墙表层的陶土面砖则采用了可循环利用的制作材料和低能耗的构造工艺。轻薄的金属屋顶如飞毯般覆盖了整个建筑物，屏蔽和过滤了紫外线，起到了遮阳伞的作用。

公共廉租的创新试验

展示领域：建成环境的科技创新

马德里可以被称作为优秀公共住宅建筑的露天博览馆。在环境保护方面，马德里的公共住宅已经开始使用太阳能集热器来供应热水和供热。马德里参与了联合国、欧盟一系列技术创新活动。具有生物气候调节作用的"空气树"是其中最具代表性的技术创新成果之一。以马德里公共住宅项目的"竹屋"建筑为建筑原型，在北部模拟城市街区的住宅建筑组中建造一幢"竹屋"建筑。

苏州古城保护与更新

展示领域: 历史遗产保护与利用

由于历史的原因和经济的迅猛发展，苏州古城保护面临着前所未有的压力。近十年来，苏州在古城保护与旧城翻新上，分层次，按步骤，循序渐进，做了大量工作。对古典住宅进行单体改造。(增加基础设施,比如厨房卫生间等)在维护原有街巷格局的基础上，对单体进行适应现代经济发展的更新改造.完善街区的建设和公共设施。结合解危安居工程，对古城街坊进行保护性更新。近年，投资3.5亿元治水，引入了长江水，改善苏州城内河流水质。2002年启动了环古城风貌保护工程，耗资30亿。

可持续城市，
未来城市

2006年芝加哥订立了一个变成最"绿色"的城市的目标。芝加哥鼓励在城市环境中使用绿色科技和保存自然资源。一个可持续的城市环境是在寻找城市未来带来的责任。通过政府的引导保存和保护自然环境的方法，芝加哥正在提高公共健康、节省消费、创造就业、提高生活质量。同时，芝加哥信奉可持续城市化。真正的可持续城市化是生活、工作和娱乐之间的合作无间。芝加哥允许居民在融合他们的专业和个人世界中不断地体验着城市的力量和潜力。通过城市可持续发展、环保科技、资源保护和公共-私人合作的创新，芝加哥市成为全世界可持续发展的一个典范。

策展方案：通过水、垃圾、食物、能源、健康、移动、商业7个主题来展示芝加哥的现在和未来的模式。

从知识到创新
城市交通解决方案

1、德国不来梅公共交通拼车（Car-sharing）工程：作为德国汽车制造和使用的中心城市，不来梅在空气污染、能源消耗、二氧化碳减排等问题上承担了巨大的压力。因此其城市管理者构思出名为"公共交通拼车（Car-sharing）工程"的解决方案，在手机芯片内预设密码，通过简单呼叫，可让"拼车志愿者"驾车到就近的上车站点停靠等候其他市民拼车。此法大幅增加了社会车辆的载客效率，如果将其运用到上海（假设1,900万人口），至少可以减少75万辆私车的出行，总共节省750公里长的停车车位（按每车一米计算）。

2、城市的智库 – 雅各布大学的"未来实验室 – 水岸城市"研究计划：面对不来梅在城市发展中遇到的社会和交通问题，雅各布大学于七年前设立了名为"未来实验室 – 水岸城市"的专项计划，来研究并应对"交通、运输以及移民"等社会问题。来自90多个国家的年青学者们集聚一堂，为城市的可持续发展出谋划策。

亚历山大
城市发展战略

埃及亚历山大利用有竞争力的捐助，更好的管理本地资产，摒除私营企业发展的瓶颈，保证社会经济综合发展模式在贫穷地区的施行。

1、亚历山大本地经济评估：仅有31%的有效就业人口在劳动力市场就业，完成具备竞争力的政策实施报告，帮助每年新增的4万名劳动者进入劳动力市场。

2、对临水而建的居民区进行调研，并且制定城市升级战略：在亚历山大有30个临水居民区，牵涉居民一百三十六万名，对其中20个居民区进行评估，并提上改造日程。改造项目已经在埃尔·阿姆罗伊实施，并受到社会发展基金的赞助。

展示领域：宜居家园

为了让市民能过上更加舒适的生活，
需强化和维持城市的竞争力。但是，目前的
后工业社会环境要求我们提出别出新意的战略。
其战略应是亲环境的、参与性的，市民与城市以及其他
大城市能够合为一的，产出新的经济附加值的战略。
采取策略大体如下：

1、以文化、时尚、三题活动、公共演出、美术展览为城市发展理念，来改善
都市文化氛围，为魅力城市建设提供绿色空间。

2、整体实现未来的电子政府，形成开放的市政文化。让市民通过网络参与政
策讨论。为市民提供各种信息服务，形成展示创意和想象力的空间。

3、清溪川复原工程。在保留历史遗迹的基础上，开发具有都市特色的文化旅
游资源。使清溪川可持续发展。

4、创造舒适便捷的交通环境，提供更安全的服务，使运营体系更有效率。

网上世博会

网上世博会是上海世博会重要组成部分，是世博会的导引、补充与延伸；它是集推介、导引、展示、教育四大功能于一体的综合性、国际网上平台。网上世博会的参与者范围是上海世博会的全部参展者（包括官方参展者、非官方参展者、国内参展者）。内容以本届世博会内容为基础，以不同方式和技术在网上进行展现。

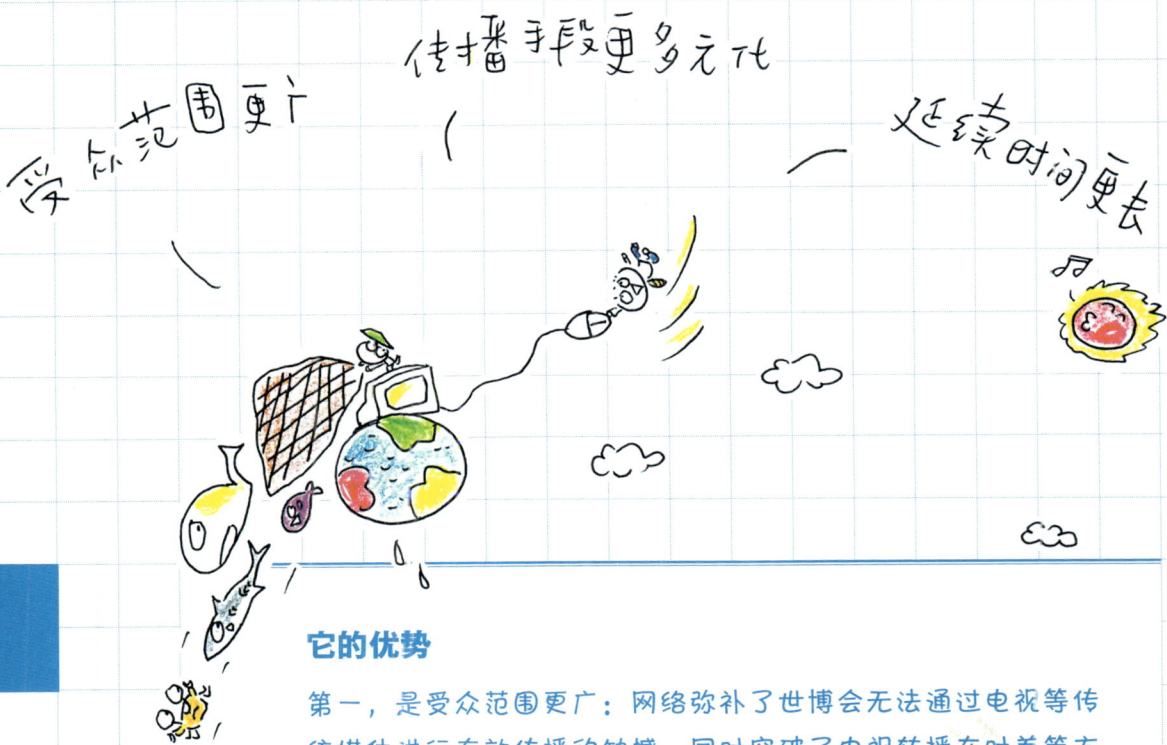

受众范围更广

传播手段更多元化

延续时间更长

它的优势

第一，是受众范围更广：网络弥补了世博会无法通过电视等传统媒体进行有效传播的缺憾，同时突破了电视转播在时差等方面的限制，得全球网民成为世博会的受众，世博会的理念、精神、内容将可在一个更广泛的范围内进行传播。

第二，传播手段更多元化：3D技术、视频点播等技术的利用使世博会不再是单方面展示。通过在网上漫游，人们可按不同兴趣爱好主动参与世博会，形成良好互动。

第三，延续时间更长：网上世博会相对于历届世博会，可以在一个更长的时间段内存在并延续下去。上海世博会结束后，网上世博会可在网上持续开放，并以不同的方式发展下去。

跟着麒麟逛世博

参观世博会的行程及路线

老少爷们儿们！兄弟姐妹们跟麒麟去逛世博哎！

参观世博会的
行程路线
（世博会最佳3日行程）

第一天

耀华路出入口等候入场。先到入口处预约机前预约中国馆的参观时间。中国馆实行100%预约制度。

预约后就可进行参观了。进园从世博轴上走到底就是庆典广场，在那里有盛大的开园仪式。看完后去世博中心，每天的国家馆日开幕式在那里举行。看过世博中心后可去主题馆，那里有4个场馆，分别是城市人馆、生命馆、地球馆、公众参与馆。原则上每个场馆都有两条参观路线，快速通道是给走马观花的游客专用，建议在主要场馆及各国自建馆中走慢速通道。城市人馆中的"生命·阳光馆"是世博会历史上第一座残疾人馆，志愿者和讲解员都是残疾人。地球馆里有个天桥，下面是个地球，往前继续参观你会发现地球里是个大型的球幕电影院。

世博中心和主题馆之间有条中华美食街，在那里中国各地特色美食应有尽有。吃饱了，可去演艺中心看演出。东方歌舞团每天在演艺中心有两场演出。从演艺中心可往中国馆方向走，先看到台湾馆，里面的LED球幕天灯算是亮点。此时的时间一般是13：30左右，去中国馆。进场后乘电梯来到的49米那层。那里有几个亮点，一是周围一圈像东方明珠一样的钢化玻璃地板，脚下就是等候广场，好高！另外，49米这层还有个《清明上河图》，100多米宽呢！里面的人还会走动。看完49米可以去41米那层。那里是乘坐轨道游览车参观的，排很长的队大家也要去坐坐，感觉是不同的哦！最后是33米那层，介绍未来中国低碳城市的，看看自己未来生活在怎么样的环境中。

参观完中国国家馆之后，去旁边的省市区馆，各个省区市都会在里面有600平方米的空间，各具特色。出来去澳门馆和香港馆，同样是600平方米，但是要仔细参观。尤其是澳门馆，最上面可以躺在地上看天花板放电影。

参观完中国的展馆之后又回到了门口。之后往东走，去阿曼馆、巴基斯坦馆、以色列馆、斯里兰卡馆。看完过马路去尼泊尔馆，那里有千年佛舍利。印度馆就在尼泊尔馆旁边。之后看到的是沙特馆—外国馆中投资最大的—13亿元人民币！在沙特馆里有全球最大的IMAX影院。

看完沙特去亚洲联合馆，之后去摩洛哥馆。摩洛哥馆是个玻璃盒子，而且是非洲国家，体验一下异域风情吧！摩洛哥旁边的土库曼斯坦和卡塔尔馆都是租赁馆，接着看到的就是"沙丘"—阿联酋馆。

接着去看黎巴嫩、伊朗、朝鲜、亚洲联合馆、乌兹别克斯坦馆。看完你就来到了哈萨克斯坦馆。

过马路是有两个值得一看的场馆—日本馆和韩国馆。在他们之间隔了越南馆和亚洲联合馆。日本馆和韩国馆靠近黄浦江，夜景不错。沿着世博大道往演艺中心走，如果运气好会有巡游，走到庆典广场看闭园仪式吧！

快，还有好多没看呐！！

第二天

8：30到达园区，推荐从长青路大门进入园区参观。进园第一件事还是预约，推荐大家预约美国、英国、法国、瑞士馆，预约时间可选择在下午或晚上。

从长青路出入口进园右边是泰国馆，浓郁的泰国风情，里面有个吉祥物，绿的，叫"阿泰"。在泰国馆前面是澳大利亚馆，澳大利亚右手边圆形的音乐盒一样的建筑是新加坡馆，场馆不大，顶层有花园。新加坡馆旁边是马来西亚馆，东南亚典型建筑，里面有舞台可以看马来西亚47个民族的舞蹈演出。看完后就来到了新西兰馆，馆外能看见毛利舞表演。场馆特效是《指环王》特效团队做的，所以能身临其境的感受美丽的新西兰风景。出新西兰馆旁边有很多竹子穿屋顶而出的建筑是印度尼西亚馆，从新西兰馆到印尼馆隔了个柬埔寨馆。参观完印尼馆，可去国际组织联合馆、文莱馆、菲律宾馆，然后上高架步道，往黄浦江方向走，看到蓝色的UN馆就下去，那是联合国联合馆。旁边的世界气象组织馆是最精彩的，那是唯一的国际组织自建馆，天气好的话可以看到场馆外面有彩虹。再往前走红十字馆，一座白色帐篷一样的建筑。旁边淡蓝的建筑是太平洋联合馆。出门是主题广场，看看演出。往联合国馆方向走是两个租赁馆—世界贸易馆和国际信息馆。

参观到这里，应该是中午了。

越过联合国馆旁边的马路（长青路），看到有个藤条篮子，那就是西班牙馆。门口休闲广场旁是摩纳哥和塞尔维亚馆，都是租赁馆。休闲广场另一边是比利时-欧盟馆，里面可免费吃巧克力，还可参加欧洲知识竞答，每周会抽钻石，每月会抽出欧洲旅行的大奖。比利时旁边是像个剪纸包装的盒子的波兰馆。波兰馆旁边，靠黄浦江的一边有缆车坐，就是瑞士馆。瑞士馆旁边

是法国馆，里面有很多艺术珍品，包括罗丹的《青铜时代》等等。旁边是德国馆，里面有个球，你喊响点就会摆动，互动展项很多。观完德国馆之后过北环路去爱尔兰馆和挪威馆。挪威馆不大，是树和膜的结构，旁边是乌克兰、冰岛、瑞典馆，丹麦馆。丹麦馆里有小美人鱼雕像。丹麦馆旁是芬兰馆、拉脱维亚馆和爱沙尼亚馆。然后过高架步道，去对面的葡萄牙馆、斯洛伐克馆、捷克馆，捷克馆过去就是欧洲联合一馆和二馆。

看完匈牙利馆，过西营路，是加勒比联合馆，对面是古巴馆。古巴馆过来是委内瑞拉馆，进去8字形绕一圈出来就是智利馆。智利旁边是墨西哥，累了去风筝林休息，场馆却是在地底下，很凉快呦！过了墨西哥馆去加拿大馆，加拿大馆有太阳马戏看，很精彩。加拿大馆过去是秘鲁馆，有美食呦！而后是哥伦比亚馆和巴西馆，如果6月去，巴西馆里有世界杯比赛的转播、重播。出了巴西馆看到美国馆。先别去，先去中南美洲联合馆，以前上海第三钢铁厂的厚板车检改造的，很有韵味的场馆。然后你可以去美国馆参观，进口有瀑布和大屏幕。

看完美国馆，接下来是许多租赁馆：阿根廷、斯洛文尼亚、南非、埃及、突尼斯、阿尔及利亚、安哥拉、尼日利亚、利比亚、立陶宛、克罗地亚馆。看完之后去俄罗斯馆，有12座花瓣塔楼的童话世界。然后看到有个切开的青苹果—意大利馆，建材是透明混凝土！旁边就是璀璨漂亮的英国馆，几万个发光触须随风摆动。最后，去非洲联合馆结束一天的行程吧，里面有非洲集市，还能买些纪念品。出馆会看到一个占地10公顷的游乐场，第二天的旅程就到此结束了。

第三天

前两天旅程中，已去过了世博会浦东园区的展馆。第三天就要去浦西的展馆了，企业馆在世博会上也扮演过很重要的角色，同时这次世博会有一个"城市最佳实践区"，让大家了解各国为了提高城市生活质量所做的努力。

乘地铁8号线在西藏南路站下车就是浦西世博园区最大的出入口了。

进去先看到老厂房。可以看到中国的制船历史，还有郑和宝船的模型。中国船舶馆出来后往南浦大桥方向走，先去中国民营企业馆，阿里巴巴、红星美凯龙这样的民营企业会在里面联合参展。而后是中国最大的房地产商的展馆—万科馆，馆是麦秸压制而成的，可以去看看2049年中国城市的模样。万科的旁边是远大馆，场馆的建筑构思和设计都体现了环保，另外还有新型节能环保空调的展示。看完远大馆就去城市最佳实践区，剩下的企业馆下午再去看。

过去后可以看大阪、台北的展馆，还有巴西圣保罗的案例都值得一看。看到天桥后就上去，在靠近中山南路那边是城市最佳实践区最精彩的北部建设案例区。

在那里有上海的"沪上生态家"，告诉大家现代居住环境的创新。还有百年老当铺一澳门德成按，上去有金庸图书馆。另外西安的大明宫和宁波的滕头村也不错。国外方面可以去伦敦的零碳馆，汉堡的城市最佳实践区本身就是个展品。

看完这些之后，重新过天桥去南部街区，有个世界城市广场，广场中央有舞台，可以看演出，烟囱底下是未来馆，下午去看。时值中午，首要任务是吃饭，未来馆靠近天桥那边的餐厅是浦西最大的，推荐去那里吃。

　　下午第一站，就是未来馆。在里面会告诉大家我们的未来城市生活的情况，还有"曾经的未来"也就是现在的城市生活面临的问题。

参观完未来馆，重新往企业馆方向走，参观线路是中国航空、信息通信、上汽通用。中国航空馆像一朵白云。信息通信馆是中国移动和中国电信打造的。上汽通用馆会带你体验2030年城市交通状况。之后你可以在博览广场看演出，可以在原来江南造船厂的老船坞旁嬉戏。然后去震旦馆，如果你爱收藏玉石的话，在这里可以学习玉石文化。震旦馆出来是铁路馆，有城市的地方就有铁路。铁路馆旁边是上海企业联合馆，外立面是CD光盘，还有很多高科技的元素，里面有世界上最先进的机器人——海宝。上海企业联合馆旁边是中国人保馆。

江南公园可以供你休息、吃饭。晚上可以去看可口可乐馆，很好找，那建筑就是个大可乐瓶。看完之后去旁边的太空家园馆，里面展出的都是最先进的航天技术。接着去国家电网馆。国家电网馆里有些互动展项。国家电网馆出来就是石油馆，可以看看中国的石油工业怎么样。靠近黄浦江的是韩国企业联合馆，易买得、三星、现代、LG都在里面参展。

然后到世博博物馆了解一下世博会160年的历史，世博博物馆和综艺大厅是一个建筑，文明馆旁边就是日本产业联合馆。最后可从鲁班路出口离开园区，出口处就是卢浦大桥，白天可以到最上面俯览整个园区。在鲁班路出口那里有地铁4号线还有17、36、146等公交车可供离场。

提醒，有网上预约的场馆尽量预约好再去。

上海风光及吃喝玩乐

话说
上海

上海简称沪或申，是中央直辖市，中国第一大城市，世界第十大城市。同时也是中国最大的经济中心和贸易港口，最大的综合性工业城市，重要的科技中心、贸易中心、金融和信息中心，有超过2000万人口居住和生活在这里。自1843年开埠至今，飞速的发展以及东西方文化的不断交融，形成了鲜明的中西合璧的海派文化。

繁荣的上海，变化日新月异。有着
深厚的文化底蕴，众多的历史古迹以及给人
以强烈视觉冲击的现代都市景观，构成了上海无以伦比的独特魅力！
上海的地标——浦西的外滩和新天地，东方明珠电视塔与金贸大厦、
上海环球金融中心和在建的全国最高楼——上海中心以及一条条风格
独具的街巷弄堂，吸引着无数的人们来一睹她的风采。上海被称之为
"世界经济发展最快的典范"。今日上海，不仅是中国重要的科技、
贸易、金融和信息中心，全球重要的经济和贸易中心，更是国际文化
交流和融合的一方热土。

上海
地理

上海位于中国华东地区，太平洋西岸，亚洲大陆东沿，中国南北海岸中心点，长江和钱塘江入海汇合处，北接长江，东濒东海，南临杭州湾，西接江苏和浙江两省，是长江三角洲冲积平原的一部分，河湖众多，水网密布。

钱塘江

长江

上海

气候

上海

上海四季

分明，日照充分，雨量充沛。气候温和湿润，春秋较短，冬夏较长。全年平均气温15℃-16℃，7、8月平均最高温度为28℃，冬季平均最低温度为4℃，6月为梅雨季，9月多台风。

上海
风光

外滩建筑

长1.5公里的中山一路，是著名的外滩建筑群所在地。这里是旧上海最有特点的建筑集中地，被称为"万国建筑博览会"。

上海大剧院

位于人民广场西北侧，剧院有3个剧场，1800座的主剧场，用于芭蕾、歌剧和交响乐的演出。这里有亚洲最大、世界上最先进的舞台。大剧院造型简洁，皇冠般白色弧形屋顶，古典的剧场和空中花园，象征着上海吸纳世界文化艺术的博大胸怀。

上海大世界

位于西藏南路一号。这里是中国最早且
最具影响的室内综合性游乐场所。
始建于1917年，至今仍是上海最著名的
娱乐地点之一。那些小型的戏台，
各种戏曲、曲艺、歌舞和游艺杂耍等，
曾经带给老上海市民以无数的欢乐。

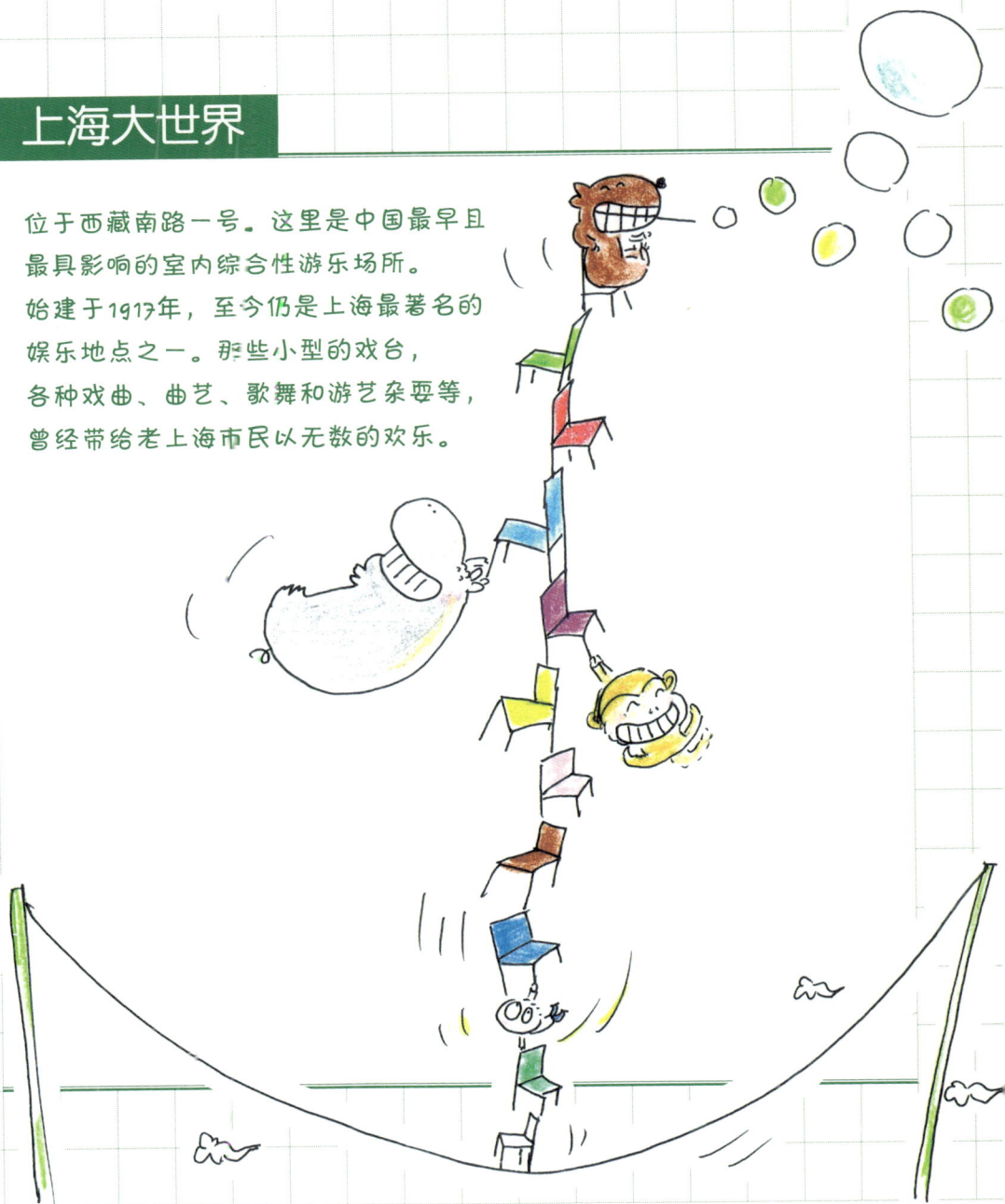

豫园

豫园是明代嘉靖年间，曾任过四川高官的潘允端，
为博得父母欢心，在上海城内东南部建造的私家园林。
之后的百年间，这里相继成了兵家争夺的目标和外国
侵略者的屯兵之地。1958年，成为上海市重点
文物保护单位，园内石雕、泥塑、木刻等，
历史悠久极具观赏价值。

爹，娘！
这是下窝用当官
挣下的钱
给二老买的

豫园

城隍庙

明朝永乐年间，上海县城中心的金山神庙改建成为城
隍庙，供奉的霍光是镇守疆土的将军，于是人们让一
个大将坐在庙的前殿，后殿供奉城隍神秦裕伯。城隍
庙在老上海人的心里一直占据着神圣地位，逢假日，
大家都会怀着虔诚的心，来这里许愿祈福。

土城隍庙

一城…管…？

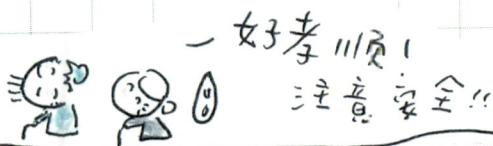

上海老街

在长800多米的"上海老街"两边，有许多仿建的民国初年的上海老房子，路口矗立着大牌楼。这里的茶馆戏楼让人乐不思蜀。童涵春、老同盛、春风得意楼、西施豆腐房、女儿红酒店等在上海已经不见踪影的老店铺，也在老街上意气风发地招徕着来往过客。

石库门弄堂

弄堂最早出现于19世纪五、六十年代，20世纪三十年代成为上海最具标志性的民居。由上百个单元组成的石库门一排排紧密地联体而立，组成一个庞大的房屋群体。石库门建筑多为砖木结构的两层楼房，坡形屋顶常带有老虎窗，红砖外墙，弄口有中国传统式牌楼，有一圈石头的门框，门扇为乌漆实心厚门，上有铜环一副。石库门的间隙，形成了一条条狭窄阴暗的通道，这种通道便是上海人所谓的"弄堂"。

静安寺

著名古刹静安寺坐落在繁华喧闹的南京西路的最西侧，上海静安区就是因静安寺而得名。静安寺建于三国吴孙权赤乌十年（247年），现在寺里收藏着很多佛教的珍贵文物。

东方明珠电视塔

位于黄浦江畔，这座高耸入云的球形建筑，塔高468米，位居亚洲第一、世界第三。观光层高263米。当风和日丽时，举目远望，上海的景致一览无余，蜿蜒的黄浦江上，巨轮如梭。分列两边的两座大桥，如两条巨龙腾飞，与中间的东方明珠一起，巧妙地组合成一幅二龙戏珠的巨幅画面。

著名街道

南京路

上海开埠后的首条商业街、步行街。街上遍布各类商家，相当繁华。

徐家汇

上海西南部商业中心，商场林立，高、中、低、廉商品，一应俱全，人气很旺。

福州路文化一条街

上海书城、思考乐书局、社科书店等栉比鳞次。

淮海中路

上海的时尚地标，这里聚集着无数国际国内一流品牌的服饰店，充满欧式古典情怀和现代元素的店面，是上海"潮人"们逛街的最爱！

多伦路文化名人街

长550米的多伦路是一条小街，沿街大都为欧洲风格建筑，风格各异。在20世纪30年代，鲁迅、茅盾、丁玲、郭沫若等文化名人都曾在这里居住。

福州路

南京路

徐家汇

淮海中路

多伦路

上海

美食

蟹壳黄

因其形圆色黄似蟹壳而得名。是用油酥加酵面作坯，先制成扁圆形小饼，外沾一层芝麻，贴在烘炉壁上烘烤而成。味美咸甜适口，皮酥香脆。

排骨年糕

经济实惠、独具风味的小吃，已有50多年历史。

南翔小笼馒头

已有100多年历史。素以皮薄、馅多、卤重、味鲜闻名。

白斩鸡

始于清代，因烹鸡时不加调味白煮而成，随吃随斩，故称"白斩鸡"。

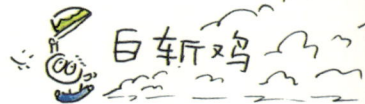

小绍兴鸡粥

是用鸡汤原计烧煮成的梗米粥，配以鸡肉和各种佐料。

奶油五香豆

以本地绿蚕豆为原料，伴以苘香、桂皮等佐料精制而成。微带甜味，请醇可口、色泽光洁，回味久长，又能生津开胃。

上海本邦菜

即上海本地的特色菜，本邦风味的菜肴有：白斩鸡、肉卤拌芹菜、肉卤拌黄花菜、炒腰子等。菜肴特点是咸淡适口，保持原味。烹制方法上，以红烧、生煸等为主。如以青鱼作主料，能够根据所取青鱼部位的不同和烹调方法的区别，制成烧嘴封、红烧葡萄、红烧划水等多种不同菜肴。

上海水蜜桃

皮薄、计多、香浓、味甜。品种有玉露水蜜桃、陈圃蟠桃，还有早熟的"早生"、"雨化露"和中熟的"白风"、"凤露"以及晚熟的"白花"等。

上海梨膏糖

采用杏仁、山楂、川贝等十余种中药加工的止咳梨膏糖，还有薄荷、胡桃、虾米、松子等各种花式梨膏糖。

上海木雕

分白木、红木和黄杨木雕三类。作品构图丰满，层次清晰，刀法精细，富变化。

嘉定竹刻

分平面雕和立体雕。历史悠久，明清时就是上海著名工艺品。以竹根为主，平面雕有扇骨、笔筒、花瓶等。

上海面塑

创作题材广泛，内容以传统戏剧和神话传说为主。作品人物形象逼真，神态生动，色彩鲜艳丰富，被称为"立体的画，无声的戏"。

嘉定黄草编

嘉定是世界黄草之乡，这里的黄草光滑、柔软、坚韧，用黄草编织的草制品美观大方，轻巧适用。

崇明水仙花

浓郁芳香，可与英国玫瑰齐名。最名贵品种有：白玉水仙、琉璃水仙、喇叭水仙、球头水仙和亚香水仙。

世博会的实用信息指南

交通

航空

上海有两个机场，一个是浦东国际机场，一个是虹桥国际机场。浦东国际机场：位于市区东面浦东新区江镇乡，距离市区约40公里。虹桥机场位于市西郊。购买机票时，最好询问清楚是哪个机场，以免耽误了航班。

上海磁悬浮列车运营线是世界上第一条正式投入商业运营的高速磁悬浮铁路，也是中国第一条集城市交通、观光、旅游于一体的磁悬浮运营线。西起轨道交通二号线龙阳路站南侧，东到浦东国际机场一期航站楼东侧，线路全长约30公里，运行时速为430公里。全程行驶时间7分钟。

问讯以及机票

浦东国际机场客运航班查询：021-1813218181 / 38484500
虹桥客运航班信息电话查询：021 - 68346466 / 68346467
上海机场售票处订票电话：021 - 51146634 / 51146639 / 51141354
机场城市航站楼售票处：021 - 62487945

火车

上海有三个火车站，是上海站、上海西站、上海南站。

上海站位于上海闸北区，是上海客流量最大的火车站。

上海西站：又称西站，位于上海火车站西侧约5公里处，目前为上海的次要火车站。

上海南站：为铁路、轨道交通、公交、长途汽车等多种运输方式合一的综合交通枢纽，其中，通过轨道交通一号线、轨道交通三号线均连接上海火车站，需要在上海口转列车的旅客可以快速、方便地来往于上海火车站和上海火车南站。此外，轨道交通十五号线也经过南站。

火车站问询电话

上海火车站问询：021-63179090

上海车站投诉：021-63170481

上海火车站上海站订票电话：021-8008207890

上海西站问询：021-52829500

上海南站问询：021-64511039

公路

上海长途汽车客运总站

中兴路1662号（铁路上海站北广场）021-66051111 / 66050000

目前亚洲规模最大的长途客运站，日发车600多班次，发往江苏、浙江、安徽、福建、江西、山东、山西、河南、河北、湖南、湖北、广东、广西、辽宁、陕西等省400多个方向。

上海长途客运南站

老沪闵路399号上海西南部的公路交通枢纽站，目前有发往江苏、浙江、安徽、山东、江西、湖南、湖北、福建等省72个方向的客运车辆，日发车280多个班次，并根据需要不断增加。

上海旅游集散中心

中心现有旅游线路达40多条，景点约120个，每天发车约400个班次。中心以自助旅游为主，优惠供应套票、洞途景点门票和长期实践途旅游车票。

每天发车：无锡、南京、南通、周庄、同里以及上海野生动物园的班车。双休日发车：盘门、木渎、大观园、周庄、同里、无锡、灵山大佛、西塘、南北湖、溪口、亭下湖等地的班车上体集散站（中国上海天钥桥路666号）上海体育场12号门5号扶梯下公交43、15、89、111、92、42、104路、地铁1号线和轻轨明珠线可达。

电话：021-64265555

上海的公路发达，每天有上万次的省际、城际以及市内的班车返往于省或城市之间。

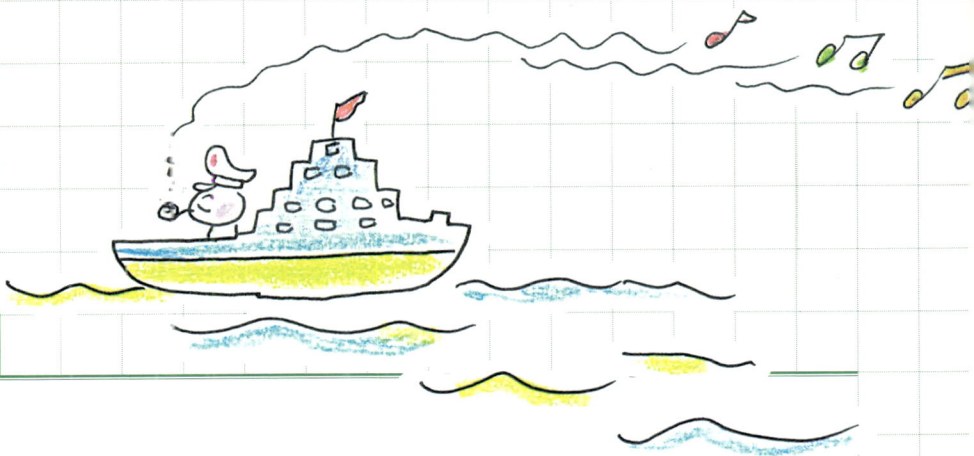

水路

上海沿海客运码头、上海三岛（崇明、长兴、横沙）客运码头、三岛车客摆渡码头。去崇明岛也要分清上船地点，而去长兴、横沙岛则都在吴淞码头上船。

上海客运码头公平路码头：公平路60号 021-65418829
上海金山码头：金山戚家墩 021-57944431
上海宝杨路码头：宝杨支路18号 021-56122081
上海石洞口码头：宝山盛石路 021-56153537

水运船票售票处

金陵东路1号
十六铺客运站（中山东二路511号）
公平路客运站（公平路60号）
杨浦区四平路2400号新客站联合售票大楼（梅园路385号）

市内交通

上海的公共交通系统比较完善。

公交车

已开通1ooo余条公交线路，能够到达市内以及周边的各个地区。上海的公交车站点往往以"某某路"命名，如"华山路延安路口"或"华山路靠近延安路"，这在道路情况复杂的上海非常有效，最好能入乡随俗。

旅游专线

旅游一号线A线：4:50 - 21:00 旅游二号线：021- 64265978

地铁

上海市目前共开设有5条轨道线路，分别为地铁一、二、五号线、明珠线以及磁悬浮列车。上海的主要都市景观（外滩、人民广场、徐家汇、龙华、虹桥、虹口、浦江的陆家嘴）和繁华商业区（南京路、淮海路、徐家汇、不夜城、八佰伴）大都分布在地铁沿线。

地铁主要车站

人民广场站：
到上海博物馆、上海城市规划展示馆、上海大剧院、香港名店街在此站下车，同时此站可换乘地铁二号线。

黄陂南路站：
到淮海路商业街请在此站下车。

徐家汇站：
到上海气象台、建国宾馆、太平洋电脑广场、徐家汇藏书楼、美罗城、百老汇、美罗城大千美食林、东方商厦、港汇广场、太平洋百货徐家汇店、市百六店、交通大宇客运站、交通大学在此站下车。

徐家嘴站：
到东方明珠、金茂大厦、滨江大道、中心绿地、国际会议中心、外滩观光隧道在此站下车。

虹口足球场站：
到鲁迅公园、多伦路文化名人街、上海外国语大学在此站下车。

住宿

在上海住宿十分方便，从高档的五星级大酒店到商务连锁酒店，你都可根据自己的需要来找到合适的落脚之地。旅游的朋友，基本上可以选择距交通枢纽比较近的地方，比如火车站、地铁站附近等。在世博会期间来上海游玩的朋友应当在出发之前就预定好酒店，免得因为房间爆满而不得不选择价高的酒店哦！商务连锁酒店是不错的选择，如：莫泰168、锦江之星、汉庭快捷、如家快捷酒店等。上海的一大特色就是老洋房！过去的很多私人住宅，现在也都变成了酒店，经济条件如果宽裕的话，不妨住在那里，肯定有一番别样的风味哦！

- 金茂君悦大酒店，世界上最高的五星级酒店之一。订房电话：400-666-9922

- 和平宾馆，建造于1929年，有"远东第一楼"之称。
  订房电话：021-63216888

- 花园饭店，位于卢湾区茂名南路58号 订房电话：021-64151111

- 瑞金宾馆，位于卢湾区瑞金二路118号
  订房电话：021-64725222

- 上海青年会宾馆，位于黄浦区西藏南路123号
  订房电话：021-63261040

- 雅舍宾馆 邻近徐家汇商业区，
  位于徐汇区宛平南路590号
  订房电话：021-64389900

- 上海莫泰168，订房电话：8008207168

- 上海易途青年旅舍，位于人民广场附近
  订房电话：021-63277766

姓 / Surname ....

名 / Given names ....

性别 / SEX ....

出生日期 / Date of birth ....

身份证号码 / Identity Card No. ....

工作单位 / Work ....

住哪儿 / Add. ....

咋找你 / Tel. ....

有扣扣吗 / QQ. ....

有伊妹儿吗 / E.Mail ....

备注 / observations ....

....

....

....

我的世博之旅……

2010.5.1—10.31
（历时184天）

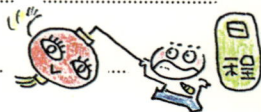